15주로
끝내는
『**장자莊子**』
강의

15주로 끝내는 『장자莊子』 강의

김창환 편저

연암서가

편저자 김창환金昌煥

서울대학교 사범대학 불어과를 졸업하고 서울대학교 인문대학 대학원 중문과에서 석사학위와 박사학위를 받았다. 이후 서울대학교 사범대학에서 초빙교수와 서울대학교 인문대학 중국어문학연구소에서 책임연구원, 경남대학교 교양교육연구소에서 책임연구원을 역임하였다.
주요 저역서로『도연명의 사상과 문학』(을유문화사),『장자』(을유문화사),『중국의 명문장 감상』(한국학술정보),『논어집주』(명문당),『대학장구·중용장구』(명문당),『도연명시집』(연암서가),『도연명산문집』(연암서가),『유원총보역주』(공역, 서울대학교출판문화원) 등이 있다.

15주로 끝내는『장자』강의

2025년 1월 25일 초판 1쇄 인쇄
2025년 1월 31일 초판 1쇄 발행

편저자 | 김창환
펴낸이 | 권오상
펴낸곳 | 연암서가
등록 | 2007년 10월 8일(제396-2007-00107호)
주소 | 경기도 고양시 일산서구 호수로 896, 402-1101
전화 | 031-907-3010
팩스 | 031-912-3012
이메일 | yeonamseoga@naver.com
ISBN 979-11-6087-135-7 03820
값 18,000원

이 저술은 2021년 대한민국 교육부와 한국연구재단의 지원을 받아 수행된 연구임
(NRF-2021S1A5C2A04088759)

| 머리말 |

이 책은 대학 교양강좌의 하나로 진행되는 『장자』강의』를 위한 교재로 집필되었다. 한 학기 15주에 걸쳐 『장자』의 사상과 내용을 주제별로 분류하여 공부함으로써 『장자』 전체를 읽고 이해하는 가교 역할을 할 수 있도록 구성하였다. 지식이 갈수록 전문화되고 지엽화되는 현실에서 『장자』는 우리에게 편협한 사고에 매몰되기 쉬운 한계를 벗어나게 하는 지혜를 제공해 준다. 특히 수많은 디지털 매체를 접하면서 생활하는 학생들이 『장자』 공부를 통해 하나의 사태를 평면이 아니라 입체로 바라보는 관점의 전환을 경험하는 기회를 얻기 바란다.

먼저 책의 체제를 소개하여 강의자의 강의 진행과 학습자의 수강 과정에서 참고할 거리를 제공하고자 한다. 제1강에서 제3강까지는 강의 도입부로서, 먼저 과목의 개요와 주별 강의 계획, 참고 교재를 소개하였다. 다음으로 장자라는 사람과 『장자』라는 책에 대해 간략하게 설명하여 『장자』 이해의 바탕을 마련하였다. 이어서 장자 사상의 출현 배경을 살핌으로써 장자 사상의 위상을 자리매김하였다.

제4강부터는 강의의 본론에 해당하는 부분으로, 장자 사상의 핵심이 되는 문장들을 엄선한 뒤에 주제별로 분류하고 이해하기 어려운 구절을 풀이하였다. 장자는 주로 기발한 상상과 비유를 통해 논리를 전개하고 있기 때문에 본문의 해석만으로는 본의를 파악하기 어려운 부분들이 많다. 심도 있는 구절 풀이를 통해 이해의 폭을 넓히고자 하였다. 다음으로 전체적인 번역을 제시하였다. 번역에 이어 인용 문장의 주제를 해설함으로써 본문에서 말하고자 하는 핵심을 파악하도록 하였다. 마지막에 연습문제를 두어 공부한 내용을 점검하는 단계를 마련하였다. 본문을 공부하면서 미처 생각하지 못했던 부분에 대한 재고의 기회, 또는 본문 이해에 관건이 되는 부분에 대한 강조의 효과를 얻도록 하였다.

각 강의의 주제에 따라 『장자』의 내용을 발췌하여 풀이하는 과정에서 간혹 주제가 겹치는 부분들이 있다. 예를 들면 〈제6강 장자의 인생관[1]: 수양론(修養論)〉에서 순응자연(順應自然)을 주제로 다루고 있는데, 그 내용에는 장자의 자연관이나 생사관과 겹치는 부분들이 있다. 〈제7강 장자의 인생관[2]: 상대주의(相對主義)〉에서 다룬 상대주의도 장자의 자연관과 겹치는 부분들이다. 이런 경우에는 예시된 문장에서 좀 더 중점이 되는 주제를 우선으로 하여 각 강의에 배치했음을 밝힌다.

장자가 〈천하(天下)〉편에서 자신이 지은 『장자』에 대해, "잘못된 논설과 황당한 말, 경계가 없는 글로 때때로 제멋대로 말했지만 치우치지 않았다.(以謬悠之說, 荒唐之言, 无端崖之辭, 時恣縱而不儻.)"라고 자평했듯이 후대에 『장자』를 연구하고 역주한 학자들 간에도 다양한 이설을 제기한 부분들이 많다. 이 책에서는 『장자』 전체를 꿰뚫는 주제를 부각시키는 데에 주안점을 두었다. 『장자』의 입문서로서 학생들이나 일반 독자들이 쉽게 『장자』의 본질을 이해하고 그 지혜를 배우는 기회가 되기를 바란다.

이 책은 경남대학교 교양교육연구소에서 진행하고 있는 연구프로젝트의 일환으로 나오게 되었다. 본 프로젝트를 지원하는 한국연구재단과 연구단을 이끌면서 제반 연구 여건을 챙겨 주시는 정원섭 소장님께 이 자리를 빌려 깊은 감사의 말씀을 드린다. 또한 역주와 교정 과정에서 지속적인 관심과 배려를 기울여 주시고 멋진 책으로 만들어 주신 연암서가의 권오상 대표님께도 깊이 감사드린다.

2024년 7월
편저자

| 차례 |

머리말 … 5

| 제1강 |

강의 소개
1. 과목 개요 …………………… 11
2. 주별 강의 계획 ……………… 12
3. 참고 교재 …………………… 15

| 제2강 |

장자莊子와 『장자』
1. 장자의 생애 ………………… 19
2. 『장자』라는 책 ……………… 22

| 제3강 |

장자 사상의 출현 배경
1. 제자백가의 출현과 그 분류 ……… 25
2. 노자(老子) 계승 ……………… 29

| 제4강 |

장자의 자연관[1] :
본체론本體論
1. 도(道)의 본질 ………………… 33
2. 도의 실상 …………………… 46

| 제5강 |

장자의 자연관[2] :
물아일체物我一體
1. 물아일체의 본질 ……………… 55
2. 물아일체의 실례 ……………… 64

| 제6강 |

장자의 인생관[1] :
수양론修養論
1. 고정 관념의 극복 …………… 73
2. 순응자연(順應自然) ………… 88

| 제7강 |

장자의 인생관[2] :
상대주의 相對主義 ·· 101

| 제8강 |

장자의 인생관[3] :   1. 명성과 부귀의 본질 ················ 117
명성과 부귀의 초월   2. 명성과 부귀 추구의 문제점 ········ 126

| 제9강 |

장자의 생사관[1] :   1. 생사의 본질 ························ 135
생사여일 生死如一   2. 죽음을 대하는 지혜 ················ 147

| 제10강 |

장자의 생사관[2] :   1. 생사의 과정 : 도의 작용일 뿐 ······ 155
숙명론 宿命論   2. '부득이(不得已)함'의 수용 ········· 163

| 제11강 |

장자의 정치관[1] :
무위이치 無爲而治 ·· 175

| 제12강 |

장자의 정치관[2] :   1. 문명 배척 ·························· 197
복고주의 復古主義   2. 이상적인 다스림 ···················· 205

참고문헌 ··· 210

차례 9

| 제1강 |

강의 소개

---

1. 과목 개요

근대 이전까지 중국, 한국 등 한자문화권을 이끌어 온 중심 이념이었던 유가(儒家)는 정치제도, 사회규범 등의 외적인 틀뿐만 아니라 사고방식, 가치관 등의 마음가짐까지 규제하였다. 그 구속과 한계를 벗어나게 해 준 것이 노자와 장자로 대변되는 도가(道家) 사상이다. 특히 장자는 사람들에게 기발한 비유와 신랄한 풍자로 발상의 전환을 통해 정신적인 자유를 얻는 길을 제시해 주었다.

본 교재의 집필 목표는 인성을 닦고 다양한 지식을 섭렵해야 할 대학 시절에 학생들이 동양 고전의 백미인 『장자』를 통해 균형 있는 인격과 교양을 배양하도록 하는 데에 있다. 디지털 세상에서 살게 된 우리는 디지털 매체를 통해 습득하는 다양한 정보에 대한 비판적 시각을 갖춰야 한다. 올바른 정보의 합리적이고 균형적인 수용에 있어 보편적 진리를 담고 있는 동양고전이 유용한 바탕을 제공할 수 있을 것이다. 『장자』에서 이러한 지혜를 얻고 그것을 현실에 적용하는 기회를 얻기 바란다.

장자의 사상을 주제별로 개괄하고, 각 주제에 해당하는 『장자』의 원문을 독해하는 과정에서 학생들은 고전의 묘미를 체험하고 난해한 문헌을 독파하는 경험도 갖게 될 것이다.

2. 주별 강의 계획

제1주 |제1강| 강의 소개
    1. 과목 개요
    2. 주별 강의 계획 소개
    3. 참고 교재 소개

제2주 |제2강| 장자(莊子)와 『장자』
    1. 장자의 생애 : 생몰년, 성명, 자, 출생지, 활동 사항 등 설명
    2. 『장자』라는 책 : 구성, 내용, 후대의 평가, 참고서

제3주 |제3강| 장자 사상의 출현 배경
    1. 제자백가의 출현과 그 분류
    2. 노자(老子) 계승

| 제4주 | |제4강| 장자의 자연관[1] : 본체론(本體論)
1. 도(道)의 본질 : 일체 존재의 근원이자 원리
2. 도의 실상 : 도는 말로 표현할 수 없다

| 제5주 | |제5강| 장자의 자연관[2] : 물아일체(物我一體)
1. 물아일체의 본질 : 도의 견지에서 볼 것
2. 물아일체의 실례 : 호접몽(胡蝶夢)의 우화

| 제6주 | |제6강| 장자의 인생관[1] : 수양론(修養論)
1. 고정 관념의 극복
2. 순응자연(順應自然)

| 제7주 | **중간고사**
강의 내용을 바탕으로 한 지필고사

| 제8주 | |제7강| 장자의 인생관[2] : 상대주의(相對主義)
1. 상대적인 현상계에 대한 이해
2. 도를 기준으로 할 것

| 제9주 | |제8강| 장자의 인생관[3] : 명성과 부귀의 초월
1. 명성과 부귀의 본질을 간파할 것
2. 부귀를 추구하다가 지혜를 잃는 어리석음 경고

제10주 | **제9강**| 장자의 생사관[1] : 생사여일(生死如一)

    1. 생사의 과정은 도의 작용일 뿐이다

    2. 죽음을 대하는 지혜

제11주 | **제10강**| 장자의 생사관[2] : 숙명론(宿命論)

    1. 인간의 생사는 도의 작용일 뿐이다

    2. '부득이(不得已)함'의 수용

제12주 | **제11강**| 장자의 정치관[1] : 무위이치(無爲而治)

    1. 천하를 다스리는 이치

    2. 위정자의 무욕과 무위 강조

제13주 | **제12강**| 장자의 정치관[2] : 복고주의(復古主義)

    1. 문명 배척 : 무지와 무욕의 소박 중시

    2. 이상적인 다스림 : 상고시대를 모델로

제14주   **종합 토론**

    한 학기 동안 공부한 내용에 대해 주제별로 공개 토론

제15주   **기말고사**

    강의 내용을 바탕으로 한 지필고사

3. 참고 교재

주교재 김창환 편저, 『15주로 끝내는 《장자(莊子)》 강의』 (연암서가, 2024)
부교재 ① 이강수 지음, 『《노자와 장자》 무위와 소요의 철학』 (도서출판 길, 1998)
② 곽경번(郭慶藩) 『장자집석(莊子集釋)』 (북경 중화서국, 1985)
③ 진고응(陳鼓應) 『장자금주금역(莊子今注今譯)』 (상무인서관, 2007)
④ 김창환 역주, 『장자』 (을유문화사, 2018)

| 주교재 |

김창환 편저, 『15주로 끝내는 《장자(莊子)》 강의』 (연암서가, 2024)

이 책은 『장자』 강의를 위한 교재로 집필된 것이다. 한 학기의 15주에 걸쳐 『장자』의 사상과 내용을 주제별로 분류하고 검토함으로써 『장자』 전체를 읽고 이해하는 가교 역할을 할 수 있도록 구성되어 있다.

강의의 도입부에서 먼저 과목의 개요와 주별 강의 계획, 참고 교재를 소개하였고 다음으로 장자라는 사람과 『장자』라는 책에 대해 간략하게 설명하여 『장자』 이해의 바탕을 마련하고 있다. 이어서 장자 사상의 출현 배경을 살핌으로써 장자 사상의 위상을 자리매김하였다.

강의의 본론에 해당하는 제4강부터는 『장자』에서 그 사상의 핵심이 되는 문장들을 엄선한 뒤에 주제별로 분류하고 이해하기 어려운 구절에 대해 해설하였다. 이어 문장 전체의 주제를 제시하여 해설함으로써 본문에서 말하고자 하는 핵심을 파악하도록 하였다. 마지막에 제시된 연습문제는 공부한 내용을 점검하는 단계이다. 본문을 공부하면서 미처 생각하지 못했던 부분에 대한 재고의 기회, 또는 본문 이해에 관건이 되는 부분에 대한 강조의 효과를 얻도록 하였다.

| 부교재 |

① 이강수 지음, 『《노자와 장자》 무위와 소요의 철학』 (도서출판 길, 1998)

이 책에서는 노자와 장자의 철학을 아울러 다루고 있다. 저자는 오랫동안 노장철학을 연구한 학자로서 『노자』를 '무위의 철학'으로, 『장자』를 '소요의 철학'으로 구분하여 논의를 전개하였다.

　노자에 대해서는 본질적 원리의 추구에 중점을 두고 있다. 즉 진정한 도(道), 무위(無爲), 자연(自然), 유약(柔弱) 등을 주제로 하여 해설하였다. 반면 장자에 대해서는 사람들이 세상을 살아가는 지혜에 대한 추구에 중점을 두고 있다. 한계의 초월, 갈등의 해소, 마음 비우기, 정신과 육체의 양생 등이 그 주제이다.

　노자 철학을 계승하여 발전시킨 장자의 사상을 이해하기 위해서 먼저 『노자』를 점검하고 나서 『장자』로 들어가는 단계별 공부에 도움이 되는 책이라고 하겠다.

② 곽경번(郭慶藩) 『장자집석(莊子集釋)』 (북경 중화서국, 1985)

이 책은 『장자』에 최초로 주를 단 서진(西晉) 곽상(郭象)의 『장자주(莊子注)』, 당대(唐代) 성현영(成玄英)의 『장자소(莊子疏)』, 당대(唐代) 육덕명(陸德明)의 『장자음의(莊子音義)』 등과 기타 10여 주석가들의 주를 종합하고 자신의 견해를 더하여 집대성한 주석서이다. 위진 이후 『장자』 주석의 계통을 검토하면서 장자 사상을 이해하는 데에 편리하다.

③ 진고응(陳鼓應)『장자 금주금역(莊子今注今譯)』(상무인서관, 2007)

책의 서문에서, 근대까지의『장자』연구 업적을 종합한『장자집석』을 저본으로 하고 이후에 나온 주석서들 뿐만 아니라 영역본, 일역본까지 참고하여 저술하였다고 밝히고 있다. 본문과 주석, 금역(今譯)의 순서로 배치하고 있는데 주석에서는 자신의 주를 달고 다음에 그것을 뒷받침하는 주들을 제시하고 있다. 그 뒤에 현대 백화로 번역문을 두어『장자』이해에 도움을 주고 있다.

④ 김창환 역주,『장자』(을유문화사, 2018)

장자가 자신의 말을 스스로 황당하다고 평했듯이『장자』를 읽는 독자도 뜬구름 잡기식으로 이해하기 쉽다. 이러한 폐단을 벗어나기 위한 시도로 이 책에서는 한문의 문장구조에 따라 축자적 직역을 원칙으로 하여 역주하였다. 직역으로 의미 전달이 충분하지 못하여 설명이 필요한 부분도 최대한 간략하게 주를 달아 보충하고 있다.

〈일러두기〉에서는 어려운 내용의『장자』를 접근하기 쉽고 이해하기 쉽게 하는 것을 이 책의 번역 목표이자 편집 방향으로 제시하고 있다. 이 책은 학술번역이 아닌 일반서로서, 독자들이 쉽게 읽으면서『장자』의 맥을 잡고 그 지혜를 배우는 계기를 제공하고 있다.

| 제2강 |

장자莊子와
『장자』

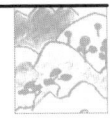

1. 장자의 생애

성은 장(莊)이고 이름이 주(周)이며 자는 자휴(子休)이다. 『사기·장주전(莊周傳)』에 의하면, 장자는 중국 전국시대(戰國時代) 송(宋)나라 몽현(蒙縣)* 출신으로, 맹자(孟子)와 비슷한 시기인 양 혜왕(惠王)*과 제 선왕(宣王)* 시대에 활동한 것으로 전해지지만 생졸년에 대해서는 이설이 많다. 대개 서기전 369년-286년이라는 설과 서기전 365년-290년이라는 설이 주로 언급된다. 젊어서는 칠원(漆園)의 말단 관리로 일한 적도 있었으나 그 이후로는 자유분방한 성격으로 평생 벼슬하지 않았다. 초나라 위왕(威王)이 그를 재상으로 맞아들이려 하였으나 사양하였다.

---

* 몽현(蒙縣) : 지금의 하남성 상구시(商丘市) 동북쪽에 있었던 지명이다.
* 혜왕(惠王) : 위(魏) 혜왕(惠王)으로, 재위 기간은 서기전 369년-319년이다.
* 선왕(宣王) : 제(齊) 선왕(宣王)으로, 재위 기간은 서기전 319년-301년이다.

장자 초상(肖像)

장자의 생애는 위에서 살폈듯이 그의 지명도나 이룬 성취에 비해 너무 소략하다. 사마천이 『사기·장주전』에서 소개한 내용 이외에 후대에 밝혀진 것이 거의 없다. 다음에 『사기·장주전』의 본문 전체를 소개하여 참고 거리로 삼고자 한다.

장자라는 이는 몽현 출신으로 이름이 주이다. 장주는 일찍이 몽현 칠원(漆園)의 관리자가 되었는데, 양 혜왕, 제 선왕과 시대가 같았다.
 그의 학문은 추구하지 않은 것이 없었지만 그 중요한 본질은 노자의 말씀으로 귀결된다. 그러므로 그가 저술한 책 10여 만 자는 대개 거의가 우언(寓言)*이다. 〈어부〉, 〈도척〉, 〈거협〉 편을 지어 공자(孔子)의 무리를 비방하였고 노자의 학술을 밝혔다. 〈외루허(畏累虛)〉*, 〈경상자(亢桑子)〉* 등은 모두 꾸며낸 말로 실제가 없지만 글을 짓고 말을 엮는 데에 뛰어났다. 일을 서술한 것이 실정을 유별화하여 유가와 묵가를 공격하였으니 비록 당대에 학문이 높은 학자들도 공격에서 벗어날 수 없었다. 그의 말은 자유분방하고 제멋대로 하는 것으로 자득하였기 때문에 권력자들로부터 중시되지 못했다.

초 위왕(威王)*은 장주가 훌륭하다는 말을 듣고 사신을 보내 후한 예물로 그를 맞이하여 재상으로 삼겠다고 허락하였다. 장주가 웃으며 초나라 사신에게 말하기를, "천금은 많은 이익이고 재상은 높은 지위입니다. 그대는 혹시 교제(郊祭)*의 희생 소를 보지 못했는지요. 몇 년 동안 사육되다가 화려한 수를 놓은 옷이 입혀져 태묘로 끌려들어 갑니다. 그때에는 한 마리 새끼 돼지이기를 바라더라도 어찌 가능하겠습니까. 그대는 빨리 돌아가 나를 더럽히지 마시오. 나는 차라리 더러운 도랑에서 놀면서 홀로 즐길지언정 나라를 가진 자에게 얽매이지 않을 것이오. 죽을 때까지 벼슬하지 않고 내 뜻에 맞게 할 것입니다."라고 하였다.

---

* 우언(寓言) : 자신의 주장이나 교훈을 직접 말하지 않고 비유를 통해 나타내는 수사 기법이다.
* 외루허(畏累虛) : 『장자』의 편명으로, 곽상본 『장자』에는 들어 있지 않다.
* 경상자(亢桑子) : 『장자』의 편명으로, '亢桑'은 '庚桑'으로도 쓴다. 곽상본 『장자』의 23편의 편명이자 노자의 제자로 나오는 인물인 경상초(庚桑楚)이다.
* 위왕(威王) : 전국시대 초나라 제38대 군주로, 재위 기간은 서기전 339년-329년이다.
* 교제(郊祭) : 제왕이 교외에서 지내던 제사로 동지에 하늘에 지내는 남교(南郊)와 하지에 땅에 지내는 북교(北郊)가 있었다.

莊子者, 蒙人也, 名周. 周嘗爲蒙漆園吏, 與梁惠王·齊宣王同時. 其學無所不闚, 然其要本, 歸於老子之言. 故其著書十餘萬言, 大抵率寓言也. 作漁父·盜跖·胠篋, 以詆訿孔子之徒, 以明老子之術. 畏累虛·亢桑子之屬, 皆空語無事實, 然善屬書離辭. 指事類情, 用剽剝儒·墨, 雖當世宿學, 不能自解免也. 其言洸洋自恣以適己, 故自王公大人不能器之. 楚威王聞莊周賢, 使使厚幣迎之, 許以爲相. 莊周笑謂楚使者曰, 千金重利, 卿相尊位也. 子獨不見郊祭之犧牛乎. 養食之數歲, 衣以文繡, 以入大廟. 當是之時, 雖欲爲孤豚, 豈可得乎. 子亟去, 無汚我. 我寧游戲汚瀆之中自快, 無爲有國者所羈. 終身不仕, 以快吾志焉.

2. 『장자』라는 책

『장자』는 원래 52편(篇)이었다고 하는데, 진대(晉代)의 곽상(郭象)이 주를 달고 정리한 33편[내편(內篇) 7, 외편(外篇) 15, 잡편(雜篇) 11]이 지금까지 전해진다. 장자는 노자(老子) 사상을 계승하여 도(道)를 일체 존재의 기본 원리로 삼았지만 시대 상황의 변화에 따른 차이를 보이기도 하였다. 즉 세속에 대해 훨씬 부정적이고 따라서 더욱 개인을 내세우고 초월을 강조하였다.

『장자』의 각 편에 대해 살펴보면, 내편(內篇)은 각 편명에 따라 일관된 주장이 전개되고 있어 장자가 직접 지은 것으로 인정된다. 반면 외편(外篇)과 잡편(雜篇)은 여러 주제가 혼재되어 있고, 편명도 대개 첫 구절의 두 글자를 취하여 제시하고 있다. 장자의 후학들에 의해 이루어진 것으로, 장자 사상의 확대와 부연의 성격이 짙다.

전국 시대와 진(秦)나라의 혼란기를 지나 한대(漢代)의 안정기에 들어서 유가 사상이 국가의 통치이념이 되자 노장사상은 크게 조명받지 못하였다. 삼국 시대와 위진(魏晉)의 혼란기를 거치면서 노장사상이 관심받기 시작하여 상수(向秀), 곽상(郭象) 등이 『장자』를 연구하고 주를 달았다. 특히 현학(玄學)이 성행하면서 『장자』는 '세 가지 현묘한 책[삼현(三玄)]'* 가운데 하나로 칭송되기에 이르렀다.

  당(唐)의 제8대 황제인 현종(玄宗)은 장자(莊子)를 높여 남화진인(南華眞人)이라는 호를 추증하였고, 『장자(莊子)』를 『남화진경(南華眞經)』으로 높여 장자의 영향력을 확대하였다.

다음으로 『장자』에 대한 역대 주요 주석서를 소개한다.
  현재 전해지는 책 가운데 처음으로 『장자』에 주를 단 것이 서진(西晉) 곽상(郭象)의 『장자주(莊子注)』이다. 이 주석본은 본래 서진의 상수(向秀)가 〈추수(秋水)〉, 〈지락(至樂)〉 두 편을 마치지 못하고 죽었는데 후일 곽상(郭象)이 그 두 편을 마무리하고 정리하여 자신의

---

  * 세 가지 현묘한 책[삼현(三玄)] : 『노자』, 『장자』, 『주역(周易)』을 가리킨다. 북제(北齊) 안지추(顏之推) 『안씨가훈(顏氏家訓)·면학(勉學)』에, "양(梁)나라 시기에 이르러 이 풍조가 다시 떨쳐져 『장자』, 『노자』, 『주역』을 합하여 '삼현(三玄)'이라고 하였다.(泊于梁世, 玆風復闡, 莊老周易, 總謂三玄.)"라는 기록이 있다.

업적으로 절취(竊取)했다고 전해진다. 상수는 서진 회(懷) 출신으로 죽림칠현(竹林七賢) 중의 한 사람이다. 어쨌든 이 주석본은 지금까지 『장자』주해와 연구의 표본이 되는 책으로 전해지고 있다.

청(淸) 곽경번(郭慶藩)의 『장자집석(莊子集釋)』과 대만 진고응(陳鼓應)의 『장자 금주금역(莊子今注今譯)』, 그리고 한국 이강수의 『노자와 장자-무위와 소요의 철학』, 김창환 역주의 『장자』는 부교재 소개란의 언급을 참조하기 바란다.

| 제3강 |

장자 사상의
출현 배경

1. 제자백가의 출현과 그 분류

1) 제자백가(諸子百家)의 출현

주나라는 초기에 확립된 봉건 질서가 무너지면서 국력이 점차 쇠퇴해갔다. 결국 북방의 이민족인 견융(犬戎)이 호경[鎬京, 지금의 시안시 남서쪽 지역]을 침범하였고 서주의 마지막 임금인 유왕(幽王)이 살해되었다. 그의 아들인 평왕(平王)이 서기전 770년에 낙읍[洛邑, 지금의 낙양시 북동쪽 지역]으로 천도하였으니, 천도 이전을 서주(西周)라 하고 이후를 동주(東周)라고 한다. 동주는 종주국으로서의 왕권이 쇠약해져 각 제후국에 실권을 빼앗긴 채 명목만 남은 국가가 되었다. 동주 시대는 다시 춘추 시대와 전국 시대로 나뉜다.

이 시기에는 여러 방면에서 급격한 변화가 진행되었다. 구체적인 내용을 살펴보면 다음과 같다.

첫째, 봉건 제도의 붕궤이다. 서주 시기에 도래한 철기는 농업의 생산성을 획기적으로 증대시켰다. 이에 따라 부를 축적한 농민들이 교육을 받기 시작하면서 지식계층이 대두하기 시작하였다. 사(士) 계급이 부상한 것이다.

둘째, 문화 유산의 축적이다. 하(夏)나라와 은(殷)나라를 거치면서 문자가 확립되었고, 정비된 국가 제도 하에 문화가 쌓이고 전해졌다. 소수 통치자들의 전유물이었던 이전의 경험과 지식이 문자를 통해 일반인들에게까지 전수되는 바탕이 마련된 것이다. 공자가 『논어·팔일(八佾)』편에서, "주나라는 두 왕조를 거울삼았으니 성대하게 문채가 난다.(周監於二代, 郁郁乎文哉.)"라고 한 것이 그 실례이다.

셋째, 사회의 혼란이다. 종주국인 동주의 세력이 약해지고 각 제후국들이 국력을 강화하면서 전쟁이 일어나고 사회는 혼란해져 갔다. 이런 혼란기를 만나 지식인들은 평소에 쌓아온 지식과 경륜을 바탕으로 그 해결책을 제시하게 되었다.

넷째, 사상의 자유이다. 격변기를 맞아 사람들은 학식과 능력을 배양하고자 노력하였고 이들이 제후들을 찾아가 유세하면서 백가쟁명(百家爭鳴)의 세상이 열렸다.

다섯째, 교통의 발달이다. 철기 시대의 도래로 수레 등 운송수단의 발달과 각 국가 간의 연합과 전쟁을 통한 왕래를 통해 학문의 교류와 흡수가 활발해졌다.

여섯째, 인재의 중시이다. 각국의 제후들이 부국강병(富國强兵)을 위해 뛰어난 인재들을 초빙하여 후하게 대우하였다.

일곱째, 강학의 성행이다. 지식인들은 자신의 이상이 받아들여지지 않는 현실에서 뜻을 펴지 못하게 되자 물러나 강학과 저술에 힘쓰게 되었다.

이러한 여건 아래에서 학술과 변론, 권모와 술수 등이 더욱 다양화되고 심화됨으로써 백가쟁명(百家爭鳴), 백화제방(百花齊放)의 시대가 펼쳐지게 되었다.

2) 주요 제자백가와 그 학설

위에 서술한 여러 가지 상황으로 다양한 특성을 지닌 학파가 대두되었다. 그 가운데 당시에 크게 성행했을 뿐만 아니라 후대까지 많은 영향을 끼친 학파들이 있었다. 사마천은 『사기·태사공자서(太史公自序)』에, 자신의 부친인 사마담(司馬談)이 주요 학파들을 분류하고 그들이 주장한 학설의 장단점을 일일이 들어 비교한 〈여섯 학파의 요지를 논한 글(논육가지요지論六家之要指)〉을 싣고 있다. 그 가운데 중요한 학파에 대한 논의를 소개하면 다음과 같다.

> 유가(儒家) 학파는 광범위하기만 하고 요점이 적어 힘들여 공부해도 효과가 적다. 이 때문에 그들의 설을 모두 추종하기는 어렵다. 그러나 그들이 군신과 부자 사이의 위치를 정하고, 부부와 장유의 구별을 차례 지은 것은 바꾸면 안 된다.
> 儒者, 博而寡要, 勞而少功. 是以其事難盡從. 然其序君臣父子之禮, 列夫婦長幼之別, 不可易也.

묵가(墨家) 학파는 검약을 추구하여 따르기 어렵다. 이 때문에 그들의 설을 두루 실천할 수는 없다. 그러나 그들이 농사에 힘쓰고 비용을 절약해야 한다는 주장은 버려서는 안 된다.
墨家, 儉而難遵. 是以其事不可遍循. 然其彊本節用, 不可廢也.

법가(法家) 학파는 준엄하기만 하고 은정이 적다. 그러나 그들이 군신과 상하의 직분을 바르게 한 것은 고쳐서는 안 된다.
法家, 嚴而少恩. 然其正君臣上下之分, 不可改矣.

도가(道家) 학파는 사람으로 하여금 정신을 집중시켜 행동을 무형의 도(道)에 합치하게 하고, 또한 만물을 풍성하게 한다. 그들의 학술은 음양가의 사시 운행의 큰 법칙을 따르고 유가와 묵가의 좋은 점을 받아들였으며 명가와 법가의 요점을 취하여, 때와 더불어 바뀌어 가고 상대에 따라 변화하며, 좋은 풍속을 세워 일을 시행하니 옳지 않은 것이 없다. 따라서 그 요지는 간명하면서도 시행하기 쉽고 일은 적으면서도 효과는 많다.
道家, 使人精神專一, 動合無形, 贍足萬物. 其爲術也, 因陰陽之大順, 采儒墨之善, 撮名法之要, 與時遷移, 應物變化, 立俗施事, 無所不宜. 指約而易操, 事少而功多.

사마담은 이처럼 각 학파가 주장하는 핵심을 잡아 장단점을 열거한 뒤에 자신이 가장 이상적 학술로 여긴 도가에 대한 논평으로 마무리하고 있다. 도가 학파는 기타 각 학파의 장점을 두루 취하고 단점을 버려 자신들의 학술 성취에 응용함으로써 가장 뛰어난 학술을 이루었다고 하였다.

2. 노자(老子) 계승

사마천은 『사기·장주전』에서 장자의 학술에 대해, "그의 학술은 추구하지 않은 것이 없었지만 그 중요한 본질은 노자의 말씀으로 귀결된다.(其學無所不闚, 然其要本歸於老子之言.)"라고 정의하였다. 장자는 노자를 수용하여 그의 학술을 확대 발전시켰지만 노자 시대보다 훨씬 혼란해진 시대를 만나 사람들이 지혜롭게 살아갈 수 있는 길을 추구하였다. 그것은 자신의 이상을 이루면서도 생명의 위험에 빠지지 않는 지혜였다.

지금 전해지는 『장자』는 6만 4천여 자로 되어 있는 곽상(郭象)본이다. 곽상보다 400년 이전인 전한(前漢) 시기에 살았던 사마천의 시대에는 『사기·장주전』에서, "그가 저술한 책 10여만 자는 대개 거의가 우언(寓言)이다."라고 하였듯이 52편 본의 『장자』가 존재했을 것이다. 그리고 장자 자신이 이 책의 10에서 9가 우언이라고 하였듯이 [우언십구(寓言十九)], 『장자』는 대부분이 우언으로 구성되어 있다고 할 만하다.

사마천은 『사기·장주전』에서, 장자가 노자의 학술을 밝혔다고 하였지만, 장자는 거기에서 끝나지 않고 노자의 학술을 새로운 경지로 끌어 올려 노장사상을 하나의 학파로 완성하는 데에 결정적인 역할을 하였다. 여기에서 노자와 장자 학설의 공통점과 차이점을 대비하여 살펴봄으로써 노장사상의 특징을 보다 선명하게 드러내고자 한다.

먼저 노자와 장자 사상의 **공통점**을 들면 다음과 같다.

첫째, 도는 말로 표현할 수 없는 것으로, 일체 존재의 근원이자 자연의 원리이다.
둘째, 인간 사회에 문제가 생기는 것은 사람들이 도에서 벗어났기 때문이다.
셋째, 도로 돌아가는 구체적인 방법으로, 무위자연(無爲自然), 상대주의(相對主義) 등을 제시하였다.
넷째, 그들이 추구한 이상사회가 동일하다.

반면 그들 사이에는 다음과 같은 **차이점**이 있음을 살필 수 있다.

첫째, 노자는 인생 문제뿐 아니라 사회 문제에도 관심을 기울인 반면 장자는 주로 인생 문제에 집중하였다. 따라서 노자는 대개 통치자가 어떻게 세상을 다스릴 것인가에 중점을 두었고, 장자는 주로 인생 문제를 어떻게 해결할 것인가에 중점을 두었다.
둘째, 노자는 도를 체득하는 것을 실현하기 어려운 이상으로 본 반면 장자는 실현 가능한 이상으로 보았다. 따라서 『노자』에는 도를 체득하는 과정이나 체득한 사람에 대한 서술이 드물지만 『장자』에는 그에 관한 서술이 많고도 자세하다.

셋째, 자신의 주장을 표현하는 방식에서 노자는 직접적 서술이 대부분이고, 장자는 우언 등의 방법을 통한 간접적 묘사가 주를 이룬다.

장자가 노자의 사상을 계승하여 부연하였듯이 그 사상은 기본상 일치한다. 그러나 위와 같은 차이점이 있음을 고려하여 『노자』와 『장자』를 읽는다면 좀더 심도 있게 그 본질에 접근할 수 있을 것이다.

| 제4강 |

장자의 자연관[1] :
본체론 本體論

1. 도의 본질

자연은 사람들이 그 안에 살면서 직접적인 영향을 받는 시공간이다. 따라서 고대로부터 사람들은 자연의 운행에 대해 관심을 갖기 시작하였다. 그 운행에 대한 고찰이 집적되어 체계를 이룬 것이 자연관이다. 『서경(書經)』에 보이는 천문에 관한 관찰과 분석이라든가 『역경(易經)』에서 다루고 있는 자연의 이치에 대한 탐구는 이런 노력의 결과라고 하겠다. 특히 자연의 이치에 대한 체계적이고 학술적인 논의는 동주 시기의 춘추전국 시대로 접어들면서 유가, 도가 등 제자백가의 출현으로 구체화하기 시작하였다.

먼저 유가의 자연관을 개괄하면, 유가에서는 만물을 내고 운행하게 하는 원리를 '하늘[천(天)]'이라고 하였다. 공자는 『논어·양화(陽貨)』 편에서, "하늘이 무엇을 말하겠는가. 네 계절이 운행되고 만물이 자라나니, 하늘이 무엇을 말하겠는가.(天何言哉, 四時行焉, 百物生焉, 天何言哉.)"라고 하여 '하늘'은 말없이 만물을 내고 사시를 운행시키는 것이라고 하였다. 여기에서 일컬은 '하늘'은 '자연'의 다른 이름이다. 따라서 자연의 이치는 어느 곳에나 어느 것에나 미치지 않음이 없다는 것이다. 이러한 관점은 『중용·제12장』에서, "『시경』에 이르기를 '소리개는 날아 하늘에 이르고 물고기는 연못에서 뛰어 오른다.'라고 하였는데, (자연의 이치가) 상하에 드러남을 일컬은 것이다.(詩云, 鳶飛戾天, 魚躍于淵, 言其上下察也.)"라고 『시경』의 구절을 설명한 데에서 더욱 실감나게 제시되었다. 소리개가 날고 물고기가 뛰어오르는 것은 자연의 이치가 만물에 적용되어 본성대로 존재하는 모든 현상을 대변한 것이라는 설명이다.

도가에서는 우주를 생성, 운행시키는 원리를 '도(道)'라는 명칭을 빌려 제시하였다. 노자는 『노자·제25장』에서 천지가 만들어지기 이전부터 천지 생성의 원리가 혼돈 상태로 존재했다고 하였다.

> 어떤 것이 혼돈 상태로 이루어진 채 천지보다 앞서 생겨났는데, 적막하고 홀로 서서 변하지 않으며 두루 적용되지만 위태롭지 않으니, 천하의 어머니라고 할 만하다. 나는 그 이름을 몰라서, 그것에 자(字)를 지어 '도(道)'라 하고 억지로 그것에 이름을 붙여 '대(大)'라고 한다.
> 有物混成, 先天地生, 寂兮寥兮, 獨立不改, 周行而不殆, 可以爲天下母. 吾不知其名, 字之曰道, 強爲之名曰大.

그 원리를 말로는 표현할 수 없어 임시방편으로 '도(道)'라고 가정하고 그것을 '천하의 어머니[천하모(天下母)]'라고 하여, 천지 생성의 근원으로 규정한 것이다. 나아가 그 원리가 만물을 내고 키운다는 점을 체계화하여 『노자·제42장』에서는, "도는 '일(一)'을 낳고 일은 '이(二)'를 낳으며, 이는 '삼(三)'을 낳고 삼은 만물을 낳는다.(道生一, 一生二, 二生三, 三生萬物.)"라고 하였다. 이는 『주역·계사전상(繫辭傳上)·제11장』에서, "『주역』에 태극이 있으니, 태극이 양의(兩儀)를 낳고 양의가 사상(四象)을 낳으며 사상이 팔괘(八卦)를 낳는다.(易有太極, 是生兩儀, 兩儀生四象, 四象生八卦.)"라고 제시한 정의와 일맥상통한다. 노자가 말한 '일(一)'은 태극이고 '이(二)'는 양의[음양(陰陽)]이며, '삼(三)'은 음양이 내는 사상(四象)과 팔괘(八卦)로 대변되는 만물에 적용되는 개념이라고 하겠다. 그러나 그 생육과 성장의 힘은 의지를 가진 것이 아닌 저절로 그러한 자연의 공능이다. 따라서 자연은 만물을 사랑하여 생성시켜 주는 것이 아니고 만물이 원래 그러한 이치대로 스스로 생성, 소멸한다는 것이다. 노자는 이를 『노자·제5장』에서, "천지는 사사로이 친애하지 않는다.(天地不仁.)"라 하였고 〈제34장〉에서는, "위대한 도는 두루 퍼져 어디에나 이를 수 있다, 만물은 이것에 의하여 생겨나지만 말로 드러내지 않고 공이 이루어져도 차지하지 않으며 만물을 양육하면서도 그 주인 노릇을 하지 않는다.(大道氾兮, 其可左右. 萬物恃之而生而不辭, 功成不有, 衣養萬物而不爲主.)"라고 하였다. 그러므로 『노자·제37장』에서는 "도(道)는 항상 작위(作爲)함이 없으니 하지 못하는 것이 없다.(道常無爲, 而無不爲.)"라고 하였다. 앞의 〈34장〉과 〈37장〉을 연계하여 종합하면 만물의 생성 원리가 도이고 그 성향은 이룬 공덕을 소유하지도 주장하지도 않으니 그것이 바로 '무위(無爲)'라는 것이다.

장자는 노자를 계승하여 만물을 내고 성장시키는 자연계의 원리인 도에 대한 논의를 심화시켰다.『장자·대종사(大宗師)』에서는 도는 "스스로 밑동이 되고 스스로 뿌리가 된다.(自本自根.)"고 하였다. 그 자체에 생성과 발전의 원리를 지니고 있는 도의 특성을 정의한 것이다. 이어서 "하늘을 낳고 땅을 낳았다.(生天生地.)"라고 하여 천지와 만물을 내는 공능을 밝히고 있다. 천지가 나뉘기 이전에도 존재하던 원리가 바로 도이고 그것의 작용이 우주의 생성이라는 설명이다. 따라서 도가 만물 중의 하나인 인류에게도 존재와 행위의 준칙이 되는 것은 당연한 귀결이다.

그러므로 도는 모든 것에 적용되고 나아가 모든 곳에 존재하는 것이다.『장자·지북유(知北遊)』편에서 동곽자라는 사람이 장자에게 '도의 소재'를 묻자 "있지 않은 곳이 없습니다.(無所不在.)"라고 한 대답이 그것이다. 뒤에 제시된 원문과 해설 부분에서 구체적 내용을 살필 수 있다.

이상의 주장들이 노장의 자연관이다. 이 점에 착안하여 유약우(劉若愚)는 "자연이라는 것은, 창조주의 구체적 현시(顯示)가 아니라 그것은 그 자체일 뿐이다. 중국어로 Nature에 해당하는 것은 자연, 혹은 '스스로 그런 것(self-thus)'이다."라고 하였다. [유약우(劉若愚) 저, 이장우 역,『중국시학(中國詩學)』(동화출판공사, 1984.) p.73.]

위진대(魏晉代)에 들어와 도가사상의 유행으로 천지 만물은 스스로 나고 스스로 변화하면서 완성된다는 도가의 자연관이 폭넓게 수용되었다. 그 논의가 '청담(淸談)'이라는 형식으로 출현하였으니,『진서(晉書)·왕연전(王衍傳)』에 다음과 같은 기록이 있다.

> 청담(淸談)은 위(魏)나라 정시(正始:240-248) 연간에 시작되었다. 하안(何晏)·왕필(王弼)이 노장을 계승하여, "천지와 만물은 모두 '무(無)'를 근본으로 한다. 무(無)라는 것은 만물의 기원이 되고 일을 이루니, 어디에 가도 존재하지 않는 곳이 없다."라고 하였다.
> 淸談起於魏正始中. 何晏王弼祖述老莊, 謂天地萬物, 皆以無爲本. 無也者, 開物成務, 無往而不存者也.

노자가 〈제28장〉에서 "천하의 본보기가 되면 영구불변의 덕에 어긋남이 없어 무극(無極)으로 돌아간다.(爲天下式, 常德不忒, 復歸於無極.)"라고 하여 이미 무극의 개념을 제시하였다. 이를 계승한 하안과 왕필은 구체적 감각으로 인식할 수 없다는 관점에서 그것을 '무(無)'로 정의하였다. 그러나 그 '무'는 운동성, 방향성, 가치를 함유한 우주의 원리를 일컫는 것으로, 노장의 '도(道)'를 가리키는 개념이다.

| 원문 1 | 도는 천지의 근원이다

〈대종사(大宗師)〉
夫道有情有信, 無爲無形, 可傳而不可受, 可得而不可見. 自本自根, 未有天地, 自古以固存. 神鬼神帝, 生天生地. 在太極之上而不爲高, 在六極之下而不爲深. 先天地生而不爲久, 長於上古而不爲老. 狶韋氏得之, 以挈天地, 伏羲氏得之, 以襲氣母, 維斗得之, 終古不忒, 日月得之, 終古不息.

| 구절 풀이 |

- **유정유신**(有情有信) : 정황이 있고 믿을 만한 실재가 있다. 도는 우리의 감각기관으로는 알 수 없지만 작용하여 드러나는 실상이 있고 믿을 만한 내용이 있다는 뜻이다. 『노자·제21장』에서, "심오하고 어둡지만 그 안에 정기가 있다. 그 정기가 지극히 참되니 그 안에 믿을 만한 실재가 있다.(窈兮冥兮, 其中有精. 其精甚眞, 其中有信.)"라고 하였다.

- **무위무형**(無爲無形) : 작위가 없고 형체가 없다. 도는 인위적인 행위나 구체적인 형상이 없다는 뜻이다. 그러므로 마음으로 터득할 수 있을 뿐이다. 『노자·제14장』에서 도를, "보아도 보이지 않으니 이름을 '이(夷)'라 하고 들어도 들리지 않으니 이름을 '희(希)'라 하며 잡아도 잡히지 않으니 이름을 '미(微)'라고 한다.(視之不見, 名曰夷. 聽之不聞, 名曰希. 搏之不得, 名曰微.)"라고 하였다. '이(夷)', '희(希)', '미(微)'는 모두 감각기관으로는 짐작할 수 없는 도의 형상을 가리키는 것으로, 특별하게 분류되는 개념은 아니다. 판본에 따라서 교차하여 나타나기도 한다.

- **자본자근**(自本自根) : 스스로 밑동이 되고 스스로 뿌리가 된다. 도는 자체적으로 모든 것의 근본이 되어 만물을 내고 기른다는 뜻이다. '本'

은 원래 땅 위에 자리 잡은 나무의 밑동으로 줄기와 가지를 받쳐 주고, '根'은 땅속에서 벋어 나가는 부분으로 나무 전체를 받쳐 주고 영양을 흡수하여 성장하게 한다.

- **자고이고존**(自古以固存) : 옛날부터 원래 존재했다. 『노자·제25장』에서, "어떤 것이 혼돈 상태로 이루어진 채 천지보다 앞서 생겨났다.(有物混成, 先天地生.)"라고 하였다.

- **신귀신제**(神鬼神帝) : 귀신보다 신령하고 상제보다 신령하다. '神鬼'는 '神於鬼'의 구조이고 '神帝'도 마찬가지이다. '神'을 '生'의 뜻으로 보아 "귀신을 내고 상제를 낸다."라고 보는 견해도 있다.

- **태극**(太極) : 천지가 나뉘기 전의 혼합된 원기(元氣)를 가리킨다. '太極'을 '天'의 뜻으로 보아 해당 구절을 "하늘의 위에 있으면서도 높지 않다."라고 해석하기도 한다.

- **육극**(六極) : '육합(六合)'과 동의어로, 상하와 동서남북을 가리킨다. '육극'을 '지(地)'의 뜻으로 보아 해당 구절을 "땅의 아래에 있으면서도 깊지 않다."라고 해석하기도 한다.

- **시위씨**(狶韋氏) : 전설에 나오는 옛 제왕(帝王)의 이름이다. 狶 멧돼지 희·황제이름 시

- **복희씨**(伏戱氏) : 삼황(三皇)의 한 사람으로 태호(太昊)라고도 한다. 팔괘(八卦)와 서계(書契)를 만들었으며 수렵과 목축을 가르쳤다.

- **이습기모**(以襲氣母) : 원기의 근원을 받다. '기모(氣母)'는 우주를 이루는 근원적인 물질을 가리킨다. 襲 엄습할 습·물려받을 습·들어갈 습

- **유두**(維斗) : 북두칠성의 다른 이름이다.

- **종고불특**(終古不忒) : 영원히 어그러짐이 없다. '종고(終古)'는 '늘', '언제나'의 뜻이다. 忒 변할 특·어긋날 특

| 원문 번역 |

무릇 도는 정황이 있고 믿을 만한 실재가 있지만 작위가 없고 형체가 없으니, (마음으로) 전할 수 있지 (손으로) 받을 수 없고, (마음으로) 터득할 수 있지 (눈으로) 볼 수 없다. 스스로 밑동이 되고 스스로 뿌리가 되어, 아직 천지가 있기 전에 옛날부터 원래 존재했다. 귀신보다도 신령하고 상제보다도 신령하며, 하늘을 낳고 땅을 낳았다. 태극의 위에 있으면서도 높지 않고 육극(六極)의 아래에 있으면서도 깊지 않다. 천지보다 먼저 생겨났으면서도 오래 되지 않았고 옛날보다 나이가 많으면서도 늙지 않았다. 시위씨는 그것을 얻어 천지를 이끌었고 복희씨는 그것을 얻어 원기의 근원을 받았으며, 북두성은 그것을 얻어 영원히 어그러짐이 없고 해와 달은 그것을 얻어 영원히 멈추지 않는다.

| 주제 해설 |

다양한 비유를 통해 도의 본질을 정의하고 있다. 도는 인위적 행위와 형체가 없지만 실정이 있고 믿을 만한 실재가 있어, 인간의 감각 기관으로 파악할 수는 없지만 마음으로 전할 수 있고 터득할 수 있다고 하였다. 천지의 근원이 되니 천지가 있기 전부터 존재하여 천지를 낳았고, 영원한 원리이기 때문에 시공을 초월하여 작용한다는 주장이다. 이어서 그것을 터득하였던 옛 제왕들, 그리고 그것을 얻어 원리로 삼는 만물 가운데 북두성과 일월을 예로 들어 그 효능을 설명하고 있다.

| 연습문제 |

一. 다음 표현의 음과 뜻을 쓰시오.

　　1) 六極(　　) :

　　2) 維斗(　　) :

　　3) 終古(　　) :

二. 다음 용어에 대해 설명하시오.

　　1) 근본(根本) :

　　2) 태극(太極) :

　　3) 기모(氣母) :

三. 다음 문장을 번역하시오.

　　1) 夫道有情有信, 無爲無形. :

　　2) 可傳而不可受. :

　　3) 長於上古而不爲老. :

四. '不爲高'에서 '爲'의 용법을 설명하시오.

五. '神鬼'의 문법적 구조를 설명하시오.

六. 위 문장의 주제를 약술하시오.

|원문2| 도는 있지 않은 곳이 없다

〈지북유(知北遊)〉
東郭子問於莊子曰. 所謂道, 惡乎在? 莊子曰. 無所不在. 東郭子曰. 期而後可. 莊子曰. 在螻蟻. 曰. 何其下邪? 曰. 在稊稗. 曰. 何其愈下邪? 曰. 在瓦甓. 曰. 何其愈甚邪? 曰. 在屎溺. 東郭子不應, 莊子曰. 夫子之問也, 固不及質. 正獲之問於監市履狶也, 每下愈況. 女唯莫必, 無乎逃物. 至道若是, 大言亦然. 周遍咸三者, 異名同實, 其指一也.

|구절풀이|

- **동곽자**(東郭子) : '동쪽 성곽 밖에 사는 분'이라는 뜻으로, 인명이다. 동곽순자(東郭順子)라고도 한다.
- **무소부재**(無所不在) : (도는) 있지 않은 곳이 없다. 도는 '우주 자연의 원리'이기 때문에 모든 만물에 존재하고 작용함을 말한 것이다. 뒤에서 "(도가) 사물에서 벗어나는 일은 없습니다.(無乎逃物.)"라고 한 말과 호응한다.
- **기**(期) : '지(指)'와 통하여, 구체적으로 지적해 줄 것을 청한 것이다. '기(惎)'와 통하여 '가르치다[교(敎)]'의 뜻으로 풀기도 한다.
- **누의**(螻蟻) : 땅강아지와 개미. 螻 땅강아지 루, 蟻 개미 의.
- **제패**(稊稗) : 돌피와 피. 稊 돌피 제, 稗 피 패.
- **와벽**(瓦甓) : 기와와 벽돌. 甓 벽돌 벽.
- **시뇨**(屎溺) : 똥과 오줌. 屎 똥 시, 溺 빠질 닉·오줌 뇨.

- **정획지문어감시**(正獲之問於監市) : 정획(正獲)의 '正'은 벼슬 이름으로 '책임자'라는 뜻이고 '獲'은 사람 이름이다. '監市'는 시장 관리인이다.
- **이희**(履狶) : 돼지를 밟아 비육(肥肉)의 정도를 알아보는 것이다.
  狶 돼지 희·황제 이름 시
- **황**(況) : 비교하다, 비유하다
- **지도**(至道) : 지극한 도(道). 노자가 말한 '한결같은 도[상도(常道)]'를 가리킨다.
- **대언**(大言) : 지극한 도(道)를 표현하는 말. 노자가 말한 '한결같은 이름[상명(常名)]'을 가리킨다.
- **기지일야**(其指一也) : 그 가리키는 의미는 하나이다. 두루[周]', '고루[徧]', '모두[咸]'라는 세 단어는 모두 도의 성격을 표현하는 말이라는 설명이다.

|원문 번역|

동곽자가 장자에게 물었다. "이른바 도라는 것은 어디에 있습니까?" 장자가 말했다. "있지 않은 곳이 없습니다." 동곽자가 말했다. "가르쳐 주시면 좋겠습니다." 장자가 말했다. "땅강아지와 개미에게 있소." "어쩌면 그렇게 내려가십니까?" "돌피와 피에 있소." 동곽자가 말했다. "어쩌면 그렇게 더욱 내려가십니까?" "기왓장과 벽돌에 있소." "어쩌면 그렇게 더욱 심하십니까?" "똥과 오줌에 있소." 동곽자가 대꾸하지 않자 장자가 말했다. "그대가 묻는 것은 진실로 본질에 미치지 못하고 있소. 시(市)의 책임자인 획(獲)이 시장 관리인에게 돼지를 밟는 방법을 물었는데, (돼지의) 아래 부위로 내려갈수록 더욱 잘 비교되었습니다. 그대는 (도가 있는 곳을) 한정하지 말 것이니 (도가) 사물에서 벗어나는 일은 없습니다. 지극한 도가 이와 같듯이 위대한 말도 역시 그러하오. '두루[周]', '고루[徧]', '모두[咸]', 이 세 가지는 이름은 달라도 내용은 같으니 그 가리키는 의미는 하나[도]입니다.

| 주제 해설 |

도의 존재에 관한 비유이다. 장자도 노자처럼 도에 대한 정의에 있어서는 조심스러웠지만 도가 어디에 있는가의 문제에 있어서는 "있지 않은 곳이 없다.[무소부재(無所不在.)]"라고 단언하였다. 도는 만물의 원리이므로 형이상학적인 존재일 뿐만 아니라 개미, 돌피, 벽돌, 나아가 똥오줌, 즉 어느 것에도 존재함을 역설하였다. "아래 부위로 내려갈수록 더욱 잘 비교된다.(每下愈況.)"는 것은 비근한 것으로 비유해야 잘 이해할 수 있다는 말이다.

| 연습문제 |

一. 다음 표현의 음과 뜻을 쓰시오.

　　1) 螻蟻(　　) :

　　2) 瓦甓(　　) :

　　3) 屎溺(　　) :

二. 다음 용어에 대해 설명하시오.

　　1) 감시(監市) :

　　2) 지도(至道) :

　　3) 대언(大言) :

三. 다음 문장을 번역하시오.

　　1) 期而後可. :

　　2) 何其愈下邪? :

　　3) 周遍咸三者, 異名同實. :

四. '每下愈況'의 원래 의미와 변화된 뜻[每況愈下]을 비교하시오.

五. '正獲'의 의미를 설명하시오.

六. "夫子之問也, 固不及質."이라고 말한 본의를 기술하시오.

七. 위 문장의 주제를 약술하시오.

2. 도의 실상 : 도는 말로 표현할 수 없다

도(道)는 마음으로 터득할 수 있을 뿐 눈으로 보거나 말로 표현할 수 없다. 이 점에 관하여 노자는 『노자·제1장』에서, "도는 (그것을) 도라고 말할 수 있다면 진정한 도가 아니다.(道可道, 非常道.)"라 하였고, 이를 계승하여 장자는 『장자·제물론(齊物論)』에서, "무릇 대도(大道)는 말로 일컬어지지 않는다.(夫大道不稱.)"라고 하였다. 『장자·천하(天下)』편에서는, "대도는 모든 것을 포용할 수 있지만 그것을 말로 따질 수는 없다.(大道能包之, 而不能辯之.)"라고 하여 도의 실상에 대한 인식의 길을 제시하였다. 그 특징은 무위(無爲)이다. 『장자·즉양(則陽)』에서는 이를 부연하여, "만물은 이치가 다르지만 도(道)는 사사로이 대하지 않으니 그래서 이름이 없다. 이름이 없기 때문에 작위함이 없고 작위함이 없으니 하지 못하는 것이 없다.(萬物殊理, 道不私, 故無名. 無名故無爲, 無爲而無不爲.)"라고 하였다. 이름이 없기 때문에 유가에서 강조하는 '명분(名分)'과 같은 인위적인 구속이나 한계가 없고 따라서 무위(無爲)에 이를 수 있다는 설명이다.

| 원문 1 | 책은 옛사람의 찌꺼기일 뿐이다.

〈천도(天道)〉
夫形色名聲, 果不足以得彼之情, 則知者不言, 言者不知. 而世豈識之哉. 桓公讀書於堂上, 輪扁斲輪於堂下, 釋椎鑿而上, 問桓公曰. 敢問. 公之所讀者, 何言邪? 公曰. 聖人之言也. 曰. 聖人在乎? 公曰. 已死矣. 曰. 然則君之所讀者, 故人之糟魄已夫. 桓公曰. 寡人讀書, 輪人安得議乎. 有說則可, 无說則死. 輪扁曰. 臣也以臣之事觀之, 斲輪, 徐則甘而不固, 疾則苦而不入. 不徐不疾, 得之於手, 而應於心, 口不能言, 有數存焉於其間. 臣不能以喻臣之子, 臣之子亦不能受之於臣, 是以行年七十, 而老斲輪. 古之人, 與其不可傳也死矣. 然則君之所讀者, 故人之糟魄已夫.

| 구절 풀이 |

- **형색명성**(形色名聲) : 형체와 색깔, 이름과 소리. 감각기관을 통해 보고 들을 수 있는 것을 가리킨다.
- **부족이득피지정**(不足以得彼之情) : 저 도의 실상을 터득할 수 없다. 『노자·제1장』에서, "도는 (그것을) 도라고 말할 수 있다면, 한결같은 도가 아니다.(道可道非常道.)"라고 한 뜻이다.
- **지자불언, 언자부지**(知者不言, 言者不知) : 아는 자는 말하지 않고, 말하는 자는 알지 못한다. 『노자·제56장』의 구절을 그대로 인용한 것이다.
- **환공**(桓公) : 춘추시대 제(齊)나라 군주(기원전 685년-643년 재위)로 관중(管仲)을 재상으로 기용한 뒤 춘추오패(春秋五霸)의 한 사람이 되었다.
- **윤편**(輪扁) : 수레바퀴를 깎는 장인(匠人)으로, 이름이 '편(扁)'이다.

- **추착**(椎鑿) : 망치와 끌. 椎 망치 추, 鑿 뚫을 착·끌 착
- **조백**(糟魄) : '魄'은 '박(粕)'과 통하여, '지게미'의 뜻이다.
- **유수**(有數) : '數'는 '리(理)'의 뜻이다. '술(術)'의 뜻으로 보아 '기술, 기교'로 풀기도 하고, 글자 그대로 '치수[마음속에서 가늠하는 셈법]'로 풀기도 한다.
- **행년**(行年) : '지나온 햇수'라는 뜻에서, 현재의 나이를 일컫는다.

| 원문 번역 |

형체와 색깔, 이름과 소리로는 진실로 저 도의 실상을 터득할 수 없으니, 아는 자는 말하지 않고 말하는 자는 알지 못한다. 세상 사람들이 어찌 그것을 알겠는가. 제(齊)나라 환공이 대청 위에서 책을 읽는데, 윤편이 대청 아래서 수레바퀴를 깎고 있다가 망치와 끌을 놓고 올라와 환공에게 물었다. "감히 묻겠습니다. 임금님께서 읽고 계신 것은 무슨 말씀입니까?" 환공이 대답하였다. "성인의 말씀이다." 윤편이 물었다. "성인은 살아 계십니까?" 환공이 대답하였다. "이미 돌아가셨다." 윤편이 말했다. "그렇다면 임금님께서 읽고 계시는 것은 옛사람의 찌꺼기일 뿐입니다." 환공이 말했다. "과인이 책을 읽는데 수레바퀴를 깎는 자가 어찌 의견을 낼 수 있는가. 말이 되면 괜찮겠지만 말이 되지 못하면 죽음을 당할 것이다." 윤편이 말했다. "신은 신이 하는 일로 살피건대, 수레바퀴를 깎을 때 (굴대를 넣는 구멍을) 느슨하게 뚫으면 헐거워서 단단하지 못하고 빡빡하게 뚫으면 조여서 들어가지 않습니다. 헐겁지도 않고 조이지도 않게 하는 것은 손에서 터득되고 마음에서 호응이 되며 입으로는 말할 수 없으니 그 사

이에 이치가 들어 있습니다. 신은 신의 자식에게 깨우쳐 줄 수 없고 신의 자식 역시 신에게서 그것을 물려받지 못하니, 이 때문에 나이 일흔이 되도록 내내 수레바퀴를 깎고 있습니다. 옛날 사람은 그 전할 수 없는 것[도]과 함께 죽었습니다. 그렇다면 임금께서 읽고 계시는 것은 옛사람의 찌꺼기일 뿐입니다."

| 주제 해설 |

도의 실상과 그것의 터득에 관한 비유이다. 감각으로 알 수 있는 외적인 형체와 색깔이나 이름과 소리로는 도의 실상을 알 수 없다. 윤편이 수레바퀴를 깎는 기술을 비유로 들어, 도의 진수는 몸으로 체득하고 뜻으로 깨달아야지 말이나 글로 진할 수 없음을 깨우치고 있다. 외적이고 유형적인 것으로는 추상적인 도의 본질을 알 수 없으니, 윤편은 책으로 대변되는 '문자'를 그 전형적인 예로 들고 있다.

|연습문제|

一. 다음 표현의 음과 뜻을 쓰시오.

　　1) 斲輪(　　) :

　　2) 椎鑿(　　) :

　　3) 不徐(　　) :

二. 다음 용어에 대해 설명하시오.

　　1) 윤편(輪扁) :

　　2) 조백(糟魄) :

　　3) 행년(行年) :

三. 다음 문장을 번역하시오.

　　1) 夫形色名聲, 果不足以得彼之情. :

　　2) 徐則甘而不固, 疾則苦而不入. :

　　3) 有數存焉於其間. :

四. 위 문장과 관련된 성어(成語)를 한자로 쓰시오.(輪扁斲輪, 古人糟魄)

五. 장자가 '知者不言'을 인용한 원본의 서명을 한자로 쓰시오.

六. "輪人安得議乎."에서 '安'의 문법적 기능을 설명하시오.

七. 위 문장의 주제를 약술하시오.

| 원문 2 | 만물의 생성 과정

〈천지(天地)〉
泰初有无, 无有无名. 一之所起, 有一而未形. 物得以生, 謂之德. 未形
者有分, 且然无閒, 謂之命. 畱動而生物, 物成生理, 謂之形. 形體保
神, 各有儀則, 謂之性. 性脩反德, 德至同於初. 同乃虛, 虛乃大. 合喙
鳴, 喙鳴合, 與天地爲合. 其合緡緡, 若愚若昏, 是謂玄德, 同乎大順.

| 구절 풀이 |

- **일지소기**(一之所起) : '하나〔일(一)〕'가 일어난 곳. '하나'는 아직 형태를 갖추지 못한 혼동 상태의 '유(有)'를 가리키는 것으로, 도(道)의 다른 표현이다.
- **위지덕**(謂之德) : 이를 일러 '덕(德)'이라고 한다. 도의 작용을 가리킨다.
- **미형자유분**(未形者有分) : 아직 형태를 갖추지 못한 것이 나뉨이 있었다. 음양의 구분을 가리킨다.
- **유동**(畱動) : '유(畱)'는 '정(靜)'과 통하여 '음(陰)'을 나타내고, '동(動)'은 '양(陽)'을 나타낸다. 畱 머무를 류(留와 같은 자)
- **동내허**(同乃虛) : 같아지는 것이 바로 빈 것이다. '허(虛)'는 태초의 '무(無)'의 상태를 가리킨다.
- **허내대**(虛乃大) : 빈 것이 바로 큰 것이다. '허(虛)'는 일체를 포용하므로 '대(大)'이다.
- **합훼명**(合喙鳴) : 새가 우는 것과 합치되다. '새가 우는 것'은 자연의 음, 즉 천뢰(天籟)를 비유한다. 喙 부리 훼
- **민민**(緡緡) : 혼연일체가 된 상태를 가리킨다. 緡 낚싯줄 민·어렴풋할 민

| 제4강 | 장자의 자연관[1] : 본체론本體論   51

- **현덕**(玄德) : 오묘한 덕, 즉 천덕(天德)을 가리킨다.
- **동호대순**(同乎大順) : 크게 순응함[순응자연]에 합치된다. 『노자·제65장』에서, "마침내 '크게 순응함[순응자연]'에 이른다. (乃至大順)."라고 하였다.

| 원문 번역 |

태초에는 무(無)가 있었으니, 유(有)도 없고 명칭도 없었다. '하나[일(一)]'가 일어난 곳에, 하나가 있었지만 아직 형태를 갖추지 못하였다. 만물이 (그것을) 얻어 생겨나니 이를 일러 '덕(德)'이라고 한다. 아직 형태를 갖추지 못한 것이 나뉨은 있지만 또한 끊김은 없으니 이를 일러 '명(命)'이라 한다. 멈추어 있고 움직이면서 만물을 낳는데, 만물이 생명의 이치를 이루니 이를 일러 '형체[형(形)]'라고 한다. 형체는 정신을 지니는데, 형체의 각 부분마다 법칙이 있으니 이를 일러 '본성[성(性)]'이라고 한다. 본성이 닦여지면 덕으로 돌아가고 덕이 지극해지면 태초의 상태와 같아진다. 같아지는 것이 바로 빈 것이고 빈 것이 바로 큰 것이다. 새가 우는 것과 합치되고, 새가 우는 것과 합치되면 천지와 더불어 합치된다. 그 합치는 혼연일체의 상태라서 어리석은 듯하고 어두운 듯한데, 이를 일러 '현덕(玄德)'이라 하니 '크게 순응함[순응자연]'에 합치된다.

| 주제 해설 |

도에서 만물이 생성되는 과정을 설명하고 나서, 거꾸로 타고난 본성을 잘 닦아 태초의 상태를 회복하는 것이 자연에 순응하는 지극한 경지임을 밝히고 있다.

| 연습문제 |

一. 다음 표현의 음과 뜻을 쓰시오.

　　1) 无有(　　) :

　　2) 雷動(　　) :

　　3) 緡緡(　　) :

二. 다음 용어에 대해 설명하시오.

　　1) 태초(泰初) :

　　2) 현덕(玄德) :

　　3) 대순(大順) :

三. 다음 문장을 번역하시오.

　　1) 未形者有分, 且然无閒. :

　　2) 性脩反德, 德至同於初. :

　　3) 喙鳴合, 與天地爲合. :

四. 위 문장과 관련된 성어(成語)를 한자로 쓰시오.(順應自然)

五. '一之所起'의 '一'이 가리키는 내용을 쓰시오.

六. '謂之德'에서 '之'의 문법적 기능을 설명하시오.

七. 위 문장의 주제를 약술하시오.

| 제5강 |

장자의 자연관[2] :
물아일체物我一體

1. 물아일체의 본질

'물아일체'는 상대와 내가 별개의 존재가 아닌 하나라는 개념으로, 피아의 구분을 의식하지 않는 경지를 가리킨다. 사람이 대기 중에 존재하면서 공기를 잊고 사는 것이나 물고기가 물속에서 노닐며 물을 잊고 사는 것처럼, 한 덩어리가 되어 자연스러운 상태가 되면 상대와 나를 의식하지 못하는 물아일체(物我一體)의 경지에 이른다. 즉 공기와 물이 나의 상대로서 나와 일체가 되는 경지이다.

장자는 〈제물론(齊物論)〉에서, "천지는 나와 함께 생겨났고, 만물은 나와 하나이다.(天地與我竝生, 而萬物與我爲一.)"라고 하여 물아일체의 경지를 정의하였다. 모든 존재는 다 도(道)에서 나온 것이고, 도의 입장에서 보면 같다는 설명이다. 〈제물론〉의 말미에서 그 논의를 결론짓는 '호접몽(胡蝶夢)'의 우화를 통해 피아의 구별을 초월한 물아일체의 경지를 보여 주었다. 장자는 꿈속에서 나비가 되어 훨훨 날아다닌 꿈을 꾸고 나서 "내가 꿈에서 나비가 되었던 것인지 나비가 꿈에서 내가 되었던 것인지 알 수가 없다.(不知周之夢爲胡蝶, 胡蝶之夢爲周與.)"라고 하였다. 실재하는 자신이 나비가 되어 날아다니는 꿈을 꾸었는지, 아니면 현실을 살아간다고 알고 있는 자신이 사실은 나비가 꾸는 꿈속에서 잠시 사람으로 나타난 존재인지 알 수 없다는 것으로, 나와 나비가 하나일 수도 있다는 물아일체의 경지이다. 이는 현상에 대한 집착에서 벗어남으로써 깨닫게 되는 경지로, 천지 만물과 나의 일체성을 일깨워 주는 가르침이다.

〈제물론〉에서는 또 "풀줄기와 굵은 기둥, 문둥이와 서시, 넓은 것과 괴이한 것의 차이를 들지만, 도는 공통적인 것이라서 한가지이다. 그 나뉨은 다른 한편에서의 이루어짐이고 그 이루어짐은 다른 한편에서의 허물어짐이다. 무릇 만물은 이루어짐이나 허물어짐을 막론하고 또한 공통적인 것이라서 한가지이다.(擧莛與楹, 廣與西施, 恢恑憰怪, 道通爲一. 其分也, 成也, 其成也, 毁也. 凡物無成與毁, 復通爲一.)"라고 하여, 만물의 각종 현상에 나타나는 차이가 관점에 따른 것일 뿐 본질은 하나라는 물아일체 사상을 전하고 있다.

|원문1| 만물은 나와 하나이다

〈제물론(齊物論)〉
天地與我並生, 而萬物與我爲一. 旣已爲一矣, 且得有言乎. 旣已謂之一矣, 且得无言乎. 一與言爲二, 二與一爲三. 自此以往, 巧曆不能得, 而況其凡乎. 故自无適有, 以至於三, 而況自有適有乎. 无適焉, 因是已. 夫道未始有封, 言未始有常, 爲是而有畛也.

|구절 풀이|

- **천지여아병생, 만물여아위일**(天地與我並生, 萬物與我爲一) : 천지는 나와 함께 생겨났고, 만물은 나와 하나이다. 모두 도에서 나온 것이라는 말이다.
- **교력**(巧曆) : 계산을 잘하는 자. 巧 공교할 교·예쁠 교, 曆 책력 력·셈할 력
- **황자유적유호**(況自有適有乎) : 하물며 유에서 유로 나아가는 경우이겠는가. 만물이 다르다는 면에서 보면 모든 것이 다 달라 헤아릴 수 없다는 설명이다.
- **인시**(因是) : 이를 따르다. '因'은 '順'으로 '따르다'의 뜻이고, '是'는 도(道)를 가리킨다.
- **위시이유진야**(爲是而有畛也) : 이 때문에 경계가 있게 된 것이다. 경계가 없는 도를 한결같음이 없는 말로 헤아리려고 하기 때문에 경계가 생기게 됨을 말한 것이다. 畛 두둑 진·경계 진

|원문 번역|

천지는 나와 함께 생겨났고 만물은 나와 하나이다. 이미 하나인데 또 말이 있을 수 있겠는가. 이미 이것을 '하나'라고 말했으니 또한 말

이 없을 수 있겠는가. 하나인 것과 (하나라고 표현한) 말은 둘이 되고, 이 둘과 하나(둘이라고 표현한 말)는 셋이 된다. 이로부터 계속해 나간다면 계산을 잘하는 자도 헤아릴 수 없는데 하물며 보통사람이겠는가. 그러므로 무에서 유로 나아가 셋에 이르니, 하물며 유에서 유로 나아가는 경우이겠는가. 나아가지 말고 이[도(道)]를 따를 뿐이다. 도에는 처음부터 경계가 없고 말에는 처음부터 한결같음이 없는데, 이 때문에 경계가 있게 되었다.

| 주제 해설 |

세상의 만사와 만물은 모두 도(道)에서 나온 것이고, 도의 입장에서 보면 같은 것이라는 설명이다. 따라서 현상에 대해 나누고 가를수록 더더욱 본질에서 멀어질 뿐임을 밝힌 것이다. 〈추수(秋水)〉편에서, "차이가 난다는 점에서 보아 자기가 크다고 여기는 것에 따라 크다고 한다면 만물은 크지 않은 것이 없고, 자기가 작다고 여기는 것에 따라 작다고 한다면 만물은 작지 않은 것이 없다. 천지도 돌피가 됨을 알고 털끝도 산이나 언덕이 됨을 안다면 차별의 이치가 보이게 된다.(以差觀之. 因其所大而大之, 則萬物莫不大, 因其所小而小之, 則萬物莫不小. 知天地之爲稊米也, 知豪末之爲丘山也, 則差數覩矣.)"라고 하였듯이 대소, 장수와 요절 등 제반 현상은 모두 상대적인 것이다. 따라서 주관적 가치 판단이 근거가 없음을 깨닫는 것이 물아일체(物我一體)의 경지에 이르는 길이다. 만물이 다르다는 면에서 보면 모든 것이 다 달라 헤아릴 수 없기 때문에 상대적인 현상에 집착하지 말고 하나, 즉 도(道)를 따를 것을 가르친 것이다. 현상을 그대로 인정하고

포용하는 것이 도를 따르는 것이다. 이것이 장자의 이상인 '소요유'에 이르는 길이다.

|연습문제|

一. 다음 표현의 음과 뜻을 쓰시오.

　　1) 巧曆(　　) :

　　2) 有畛(　　) :

　　3) 因是(　　) :

二. 다음 문장을 번역하시오.

　　1) 天地與我並生, 而萬物與我爲一. :

　　2) 況自有適有乎. :

　　3) 一與言爲二, 二與一爲三. :

三. 위 문장과 관련된 성어(成語)를 한자로 쓰시오.(物我一體)

四. '因是已'에서 '시(是)'가 가리키는 것을 찾아 쓰시오.

五. '莫大'에서 '막(莫)'의 문법적 기능을 설명하시오.

六. 위 문장의 주제를 약술하시오.

|원문2| 문둥이와 서시(西施)

〈제물론(齊物論)〉
可乎可, 不可乎不可. 道行之而成, 物謂之而然. 惡乎然. 然於然. 惡乎不然. 不然於不然. 物固有所然, 物固有所可, 无物不然, 无物不可. 故擧莛與楹, 厲與西施, 恢恑憰怪, 道通爲一. 其分也成也, 其成也毀也. 凡物无成與毀, 復通爲一. 唯達者知通爲一, 爲是不用, 而寓諸庸. 庸也者用也, 用也者通也, 通也者得也, 適得而幾矣. 因是已. 已而不知其然, 謂之道.

|구절풀이|

- **물위지이연**(物謂之而然) : 만물은 일컬어서 그러하다. 일상 속에서 당연하게 여기는 현상이나 호칭이 사실은 원래 고정된 것이 아님을 말한 것이다. 다음 구절들이 그에 대한 설명이다.
- **무물불연, 무물불가**(无物不然, 无物不可) : 그렇지 않은 만물은 없고 괜찮지 않은 만물은 없다. 그러함과 그렇지 않음(然不然), 괜찮음과 괜찮지 않음(可乎可)은 정해져 있는 것이 아니라 그렇게 말하고 그렇게 여김으로써 생겨나는 상대적인 가치 판단임을 강조한 것이다.
- **정여영, 나여서시**(莛與楹, 厲與西施) : 풀의 줄기와 굵은 기둥, 문둥이와 서시. 사람들이 상반되게 여기는 여러 현상들의 예를 든 것이다. 莛 풀줄기 정, 楹 기둥 영, 厲 사나울 려·문둥병 라[라(癩)와 통용], 西施 : 서쪽 마을의 시(施) 씨라는 의미로, 춘추 시대 월(越)나라의 미인이다. 나아가 미인을 두루 이르는 말로도 쓰인다.
- **회궤휼괴**(恢恑憰怪) : 괴상하고 기이하다. 사람들이 괴이하게 여기는

여러 현상들이다. 恢 넓을 회·허황될 회, 恑 괴이할 궤, 憰 속일 휼, 怪 기이할 괴
- **기분야성야, 기성야훼야**(其分也成也, 其成也毁也) : 그 나뉨은 (다른 편에서의) 이루어짐이고 그 이루어짐은 (다른 편에서의) 손상됨이다. 관점에 따라 반대가 되는 상대적인 것임을 설명한 것이다.
- **우저용**(寓諸庸) : '한결같은 이치'에 맡긴다. '諸'는 '之'와 '於'의 합음자(合音字)이다. '庸'은 '常'과 통용되어 '한결같은 이치', 즉 '도(道)'이다.
- **적득이기**(適得而幾) : 제대로 터득하면 도(道)에 가까워진다. '幾'는 '가깝다'의 뜻으로, 도에 가까워진다는 뜻이다.

| 원문 번역 |

(자신에게) 괜찮은 것을 괜찮다고 하고 괜찮지 않은 것을 괜찮지 않다고 한다. 길은 다녀서 이루어지고 만물은 일컬어서 그러하다. 어디에서 그러한가. 그렇다고 하는 데에서 그러하다. 어디에서 그렇지 않은가. 그렇지 않다고 하는 데에서 그렇지 않다. 만물은 본디 그러한 바가 있고 만물은 본디 괜찮은 바가 있으니, 그렇지 않은 만물은 없고 괜찮지 않은 만물은 없다. 그러므로 풀의 줄기와 굵은 기둥, 문둥이와 서시, 괴상하고 기이한 것들을 통틀어 도는 공통적인 것이라서 한가지이다. 그 나뉨은 (다른 편에서의) 이루어짐이고 그 이루어짐은 (다른 편에서의) 손상됨이다. 무릇 만물은 이루어짐이나 손상됨을 막론하고 또한 공통적인 것이라서 한가지이다. 오직 깨달은 자만이 공통적인 것이라서 한가지임을 아니, 이 때문에 (구분하는 고정 관념을) 쓰지 않고 이것을 '한결같은 이치'에 맡긴다. 한결같은 이

치라는 것은 (만물에) 적용되는 것이고 (만물에) 적용되는 것이 공통적인 것이며 공통적인 것이 터득되는 것이니 제대로 터득하면 도(道)에 가까워진다. 이를 따를 뿐, (구분하는 고정 관념을) 그만두고 그것이 그러함도 알지 못하니 이를 일러 도라고 한다.

| 주제 해설 |

이 구절도 상대적 가치를 포괄하는 물아일체(物我一體)의 본질을 언급한 것이다. 일상 속에서 고정적이고 당연하다고 여겨지는 현상이나 명칭들이 사실은 원래의 본질이 아님을 대소, 미추 등의 비유를 들어 설명한 내용이다. '괜찮음과 괜찮지 않음', '그러함과 그렇지 않음'은 정해져 있는 것이 아니라 그렇게 말하고 그렇게 여김으로써 생겨나는 주관적인 판단이다. 풀의 줄기와 굵은 기둥, 문둥이와 서시, 엄청난 것과 괴이한 것, 이루어짐과 손상됨의 비유를 들어, 사람들이 크게 다르다고 여기는 것들이 사실은 관점에 따라 반대가 되는 상대적인 것들일 뿐이고 우주의 운행 원리인 도의 견지에서 보면 똑같은 하나의 현상과 존재라는 물아일체의 주장이다.

|연습문제|

一. 다음 표현의 음과 뜻을 쓰시오.

1) 可乎可(　　) :

2) 惡乎然(　　) :

3) 寓諸庸(　　) :

二. 다음 구절에 대해 설명하시오.

1) 恢恑憰怪 :

2) 厲與西施 :

3) 適得而幾 :

三. 다음 문장을 번역하시오.

1) 道行之而成, 物謂之而然. :

2) 惡乎不然. 不然於不然. :

3) 其分也成也, 其成也毁也 :

四. '爲是不用'에서 '是'가 가리키는 부분을 찾아 쓰시오.

五. '寓諸庸'에서 '諸'의 문법적 기능을 설명하시오.

六. 위 문장의 주제를 약술하시오.

2. 물아일체의 실례

물아일체의 경지는 현상의 '자아'에 대한 집착을 버림으로써 도달할 수 있다. 장자는 〈소요유(逍遙游)〉에서 지인(至人)의 경지는 '사아(私我)'가 없는 '무기(无己)'[지인무기(至人无己)]임을 밝혔다. '아(我)'라는 집착에서 벗어남으로써 상대하는 모든 것에 대한 차별을 초월할 수 있다. 〈추수(秋水)〉에서는, "도의 입장에서 본다면 만물에는 귀천의 차이가 없는데, 만물의 입장에서 본다면 스스로를 귀하게 여기고 상대를 천하게 여긴다.(以道觀之, 物无貴賤, 以物觀之, 自貴而相賤.)"라고 하였다. 인간사회에서 귀한 이는 천한 이를 멸시하고 천한 이는 귀한 이를 질시하는 현상은 바로 자아의 한계에 갇혀 전체를 보지 못하는 편견에서 비롯된 것이다. 장자는 이 한계에서의 초월이 갈등을 없애는 관건이고, 그러기 위해서 도의 관점에서 상대를 볼 것을 강조한 것이다.

자신의 주장이나 신념 등의 주관에서 벗어날 때 우리가 접하는 모든 대상과 하나가 된다, 이것이 물아일체의 경지이다. 주관을 벗어나는 방법은 자신을 객관화하여 관찰하는 것이다. 이를 통해 자신의 본 모습을 보고 주관의 오류를 깨닫게 된다. 모든 사물과 현상의 보편적이고 공통적인 특성을 알고 자신의 생각과 행동으로 체득하는 것이 물아일체의 경지에 이르는 길이다.

|원문1| 나비의 꿈

〈제물론(齊物論)〉
昔者莊周夢爲胡蝶, 栩栩然胡蝶也. 自喩適志與, 不知周也. 俄然覺, 則蘧蘧然周也. 不知周之夢爲胡蝶與, 胡蝶之夢爲周與. 周與胡蝶, 則必有分矣. 此之謂物化.

|구절 풀이|

- **호접**(胡蝶) : 나비이다. '호접(蝴蝶)'으로도 쓴다.
- **허허연**(栩栩然) : 기뻐하는 모습이다. '나비가 훨훨 나는 모습'으로 풀이하기도 한다.
- **자유적지여**(自喩適志與) : 스스로 즐겁게 마음에 맞다. '喩'는 '愉'와 통용되어 '즐겁다'의 뜻이다.
- **거거연**(蘧蘧然) : 분명한 모습이다. '놀란 모습'으로 풀이하기도 한다.
- **필유분의**(必有分矣) : 반드시 구분이 있다. 현실과 꿈이라는 현상에서는 분명한 구분이 있다. 그러나 이 구분이 사실은 하나라는 물아일체의 경지를 깨닫는 과정이다.
- **물화**(物化) : '사물의 변화'라는 뜻으로 만물이 변화하여 다른 것이 되지만 결국은 하나인 경지이다. 장자의 본래 존재가 나비일 수도 있고 그 반대일 수도 있으니, 장자와 나비가 별개의 존재가 아니라는 물아일체의 상태이다. 장묵생(張黙生)은 이것을 불가의 '현신설법(現身說法, 부처가 중생을 제도하기 위하여 현세의 여러 모습으로 나타나 사람들에게 설법하는 것)'으로 비유하였다.

| 원문 번역 |

전에 장주가 꿈에 나비가 되었는데 기분 좋게 날아다니는 나비였다. 스스로 즐겁게 마음에 맞아, (자신이) 장주임을 알지 못하였다. 갑자기 잠을 깨니 분명한 장주였다. 장주가 꿈에 나비가 되었는지 나비가 꿈에 장주가 되었는지 알 수가 없다. 장주와 나비는 반드시 구분이 있다. 이것을 일러 '사물의 변화[물화(物化)]'라고 한다.

| 주제 해설 |

현상의 장주는 본래 나비일 수도 있다. 현상에 대한 집착에서 벗어나야 본질을 깨닫게 되고 나비와 나, 즉 상대와 내가 구분이 없는 물아일체의 경지에 도달할 수 있다. 또 나라는 존재는 나비가 꾸는 꿈 속의 장자일 수도 있음을 자각함으로써 현상의 한계를 벗어날 수 있다. 이것을 대각(大覺), 즉 죽지 않은 상태로 깨닫는 큰 깨달음이라고도 한다. 이것이 바로 '물화'를 깨닫는 것이다. 현상에 대한 편견에서 벗어나야 이 변화의 본질을 알게 된다. 나아가 피아의 구분과 대립을 초월하여 제물(齊物)하게 되고 물아일체의 경지에 이를 수 있다.

지금 살아가고 있는 현상의 장자는 나비의 꿈 속에 나타난 허상일 뿐이고 진정한 본질은 바로 잠을 자면서 꿈을 꾸고 있는 나비일 수도 있다는 주장은 현상과 본질이 하나라는 불가의 가르침, 즉 '색즉시공'과 맥을 같이한다.

|연습문제|

一. 다음 표현의 음과 뜻을 쓰시오.

1) 昔者(   ) :

2) 胡蝶(   ) :

3) 俄然(   ) :

二. 다음 용어에 대해 설명하시오.

1) 허허연(栩栩然) :

2) 거거연(蘧蘧然) :

3) 물화(物化) :

三. 다음 문장을 번역하시오.

1) 自喩適志與, 不知周也. :

2) 周與胡蝶, 則必有分矣. :

四. 위 문장과 관련된 성어(成語)를 한자로 쓰시오.(胡蝶夢)

五. '此之謂'에서 '之'의 문법적 기능을 설명하시오.

六. 위 문장의 주제를 약술하시오.

|원문2| 간과 쓸개도 초나라와 월나라의 거리이다

〈덕충부(德充符)〉

魯有兀者王駘, 從之遊者, 與仲尼相若. 常季問於仲尼曰. 王駘兀者也, 從之遊者, 與夫子中分魯. 立不敎, 坐不議, 虛而往, 實而歸. 固有不言之敎, 無形而心成者邪? 是何人也? 仲尼曰. 夫子聖人也, 丘也直後而未往耳. 丘將以爲師, 而況不若丘者乎. 奚假魯國. 丘將引天下, 而與從之. 常季曰. 彼兀者也, 而王先生, 其與庸亦遠矣. 若然者, 其用心也獨若之何? 仲尼曰. 死生亦大矣, 而不得與之變, 雖天地覆墜, 亦將不與之遺. 審乎无假, 而不與物遷, 命物之化, 而守其宗也. 常季曰. 何謂也? 仲尼曰. 自其異者視之, 肝膽楚越也, 自其同者視之, 萬物皆一也. 夫若然者, 且不知耳目之所宜, 而遊心乎德之和, 物視其所一, 而不見其所喪, 視喪其足, 猶遺土也.

|구절풀이|

- **올자왕태**(兀者王駘) : 올자인 왕태. '올자(兀者)'는 발꿈치를 베는 형벌인 월형(刖刑)을 받은 사람이다. '왕태(王駘)'는 장자가 설정한 허구적 인물이다.
- **상계**(常季) : 노나라의 현인(賢人)으로, 공자의 제자이다.
- **불언지교**(不言之敎) : 말로 하지 않는 가르침. 『노자(老子)·2장』에, "성인(聖人)은 작위가 없는 일을 처리하고, 말로 하지 않는 가르침을 행한다.(聖人處無爲之事, 行不言之敎.)"라고 하였다.
- **구야직후이미왕이**(丘也直後而未往耳) : 나는 다만 뒤처져 아직 찾아가지 못했을 뿐이다. '직(直)'은 '단(但)'과 통하여 '다만'의 뜻이고 '후(後)'는 그를 찾아가는 것이 남들보다 늦었다는 의미이다.
- **해가노국**(奚假魯國) : 어찌 노나라에만 그치겠는가. '가(假)'는 '지(止)'와 통하여, '그치다', '다만', '단지'의 뜻이다.

- **왕선생**(王先生) : 선생님보다 훌륭하다. '왕어선생(王於先生)'의 구조로, '왕(王)'은 '왕(旺)'과 통하여 '왕성하다', '훌륭하다'의 뜻이다.
- **부득여지변**(不得與之變) : 그로 하여금 변하게 할 수 없다. '여(與)'는 사역동사로, '사(使)'와 같은 용법이다.
- **간담초월**(肝膽楚越) : 간과 쓸개처럼 가까운 사이도 초나라와 월나라처럼 멀 수 있다. 상황이나 관점에 따라 달라지는 현상을 가리킨다.
- **부약연자**(夫若然者) : 그와 같은 자. 만물을 모두 하나로 여기는 자이다.
- **부지이목지소의**(不知耳目之所宜) : 귀와 눈에 맞는 바를 알지 못한다. '부지(不知)'는 '망(忘)'의 뜻으로 이목(耳目) 등의 지각을 초월한 상태를 가리킨다.
- **유심호덕지화**(遊心乎德之和) : 덕의 조화 가운데에 마음이 노닐다. 『장자·재유(在宥)』에서 지인(至人)인 광성자(廣成子)가 황제(黃帝)에게, "나는 그 유일함[도(道)]을 지키면서 조화 속에 머문다오. 그래서 내 몸을 수양한 지가 천이백 년이 되었지만 내 몸은 아직껏 쇠약해지지 않았소.(我守其一, 以處其和. 故我脩身千二百歲矣, 吾形未常衰.)"라고 하였듯이, 장자의 이상인 '소요유'의 경지이다.
- **시상기족, 유유토야**(視喪其足, 猶遺土也) : 자기 발을 잃은 것 보기를 마치 흙덩어리를 버린 듯이 여기다. 발을 베는 형벌을 받은 왕태(王駘)는 발이 없다는 한계를 초월하여 조금도 구애받지 않는 모습을 비유한 것이다.

| 원문 번역 |

노나라에 발꿈치를 베는 형벌을 받은 왕태라는 이가 있었는데, 그를 좇아 배우는 자들이 공자와 비슷하였다. 상계가 공자에게 물었다. "왕태는 올자인데도 그를 좇아 배우는 자가 선생님과 노나라를 양분하고 있습니다. 서서 가르치는 것도 아니고 앉아서 토론하는

것도 아닌데, 비어서 갔다가 채워서 돌아옵니다. 본디 말로 하지 않는 가르침이 있으니 드러냄이 없이 마음이 이루어진 자입니까? 그는 어떤 사람입니까?" 공자가 대답하였다. "그분은 성인인데 나는 다만 뒤처져 아직 찾아가지 못했을 뿐이다. 내가 장차 그를 스승으로 삼으려 하는데 하물며 나보다 못한 자이겠는가. 어찌 단지 노나라뿐이겠는가. 나는 장차 천하 사람들을 이끌고 함께 그를 따를 것이다." 상계가 물었다. "그는 올자인데도 선생님보다 훌륭하다면 보통사람들과는 많이 차이가 나겠습니다. 그와 같은 자는 그 마음씀씀이가 대체 어떤가요?" 공자가 대답하였다. "죽고 사는 문제는 큰 것인데 그로 하여금 변하게 할 수 없고 비록 하늘과 땅이 뒤집히고 무너진다 해도 또한 그로 하여금 버려지게 하지 못할 것이다. 거짓 없는 이치를 살피고 상대를 따라 바뀌지 않으며, 사물의 변화를 운명으로 여기고 그 본질[도(道)]을 지킨다." 상계가 물었다. "그것은 무엇을 말하는 겁니까?" 공자가 대답하였다. "다르다는 점에서 본다면 간과 쓸개도 초(楚)나라와 월(越)나라의 거리지만, 같다는 점에서 본다면 만물은 모두 하나이다. 그와 같은 자는 또한 귀와 눈에 맞는 바를 알지 못하고 덕의 조화 가운데에 마음이 노닐며 만물에 대해 그것이 하나인 바를 보고 자신이 발을 잃은 것을 알지 못하니, 자기 발을 잃은 것 보기를 마치 흙덩어리를 버린 듯이 여겼다."

| 주제 해설 |

발이 하나 없지만 덕이 갖추어진 왕태(王駘)는 차별과 한계를 초월한 지인(至人)이다. 그는 만물이 하나라는 물아일체의 경지에 이른 자이

기 때문에 사람들은 그의 덕을 우러르고 앞다투어 찾아가 그에게 가르침을 받는다고 하였다.

| 연습문제 |

一. 다음 표현의 음과 뜻을 쓰시오.

　　1) 相若(　　) :

　　2) 王先生(　　　) :

　　3) 覆墜(　　　) :

二. 다음 용어에 대해 설명하시오.

　　1) 올자(兀者) :

　　2) 무가(无假) :

　　3) 초월(楚越) :

三. 다음 문장을 번역하시오.

　　1) 虛而往, 實而歸. :

　　2) 自其同者視之, 萬物皆一也. :

　　3) 不知耳目之所宜, 而遊心乎德之和. :

四. '立不敎'와 관련된 성어(成語)를 찾아 쓰시오.(不言之敎)

五. '不得與之變'에서 '之'가 가리키는 것을 찾아 쓰시오.

六. '審乎无假'에서 '乎'의 문법적 기능을 설명하시오.

七. 위 문장의 주제를 약술하시오.

| 제6강 |

장자의 인생관[1] :
수양론修養論

1. 고정 관념의 극복

고정 관념은 현상이나 대상에 대한 객관성을 잃게 하여 올바른 판단을 그르친다. 시비(是非), 대소(大小), 가부(可否), 고하(高下) 등은 모두가 상대적인 것인데 사람들은 그것을 자신의 주관에 입각하여 절대적이고 불가역적인 것으로 믿는다. 여기에서 고정 관념이 생겨나 올바른 판단과 행동을 제약한다.

    그러므로 고정 관념이 배제된 뒤에 제대로 보고 제대로 판단할 수 있다. 『장자·제물론(齊物論)』 제1장에서 그 전형적인 예를 들고 있다. 초나라 은자인 남곽자기(南郭子綦)가 제자인 안성자유(顔成子游)에게, "지금 나는 주관적인 나를 잃었다.(今者吾喪我.)"라고 하였다. '오(吾)'는 자체로서의 '객관적인 나'이고, '아(我)'는 상대와의 관계 속에서 형성된 '주관적인 나'이다. 주관적인 나를 초월함으로써 상대와 내가 같은 존재라는 깨달음에 이르렀다는 말이다.

장자가 〈천하〉편에서 자신의 말을 '공허한 주장과 황당한 말'이라고 자평했듯이 그가 저술한 『장자』는 곤어(鯤魚)와 붕새의 황당한 이야기로 시작한다. '곤(鯤)'은 원래 물고기 알인데 반대로 큰 물고기를 가리키는 말로 끌어 씀으로써, 사람들에게 발상의 전환을 통해 고정 관념과 사유의 한계를 타파하도록 유도하고 있다. 물고기가 새로 변하는 것[전화(轉化)] 역시 보통사람들이 가지고 있는 고정 관념을 타파하기 위한 설정이다. 물고기 알과 큰 물고기를 대비하여 크기에 대한 고정 관념과 물고기와 새를 대비하여 개체에 대한 고정 관념을 초월하도록 한 것이다.

 장자는 그 고정 관념을 '성심(成心)'으로 개념화하였다. 성심은 '이미 형성된 마음'이라는 뜻으로, 고정 관념을 가리킨다. 〈제물론〉에서 "고정된 마음을 따라 그것을 스승 삼는다면, 누구인들 어찌 스승이 없겠는가.(夫隨其成心, 而師之, 誰獨且无師乎.)"라고 하였다. 자아를 중심으로 하는 주관에 의해 '성심'이 생기고 여기에서 시비가 일어난다. 당대(唐代)의 성현영(成玄英)은 『장자·제물론』의 주소(註疏)에서 이 구절을 풀이하여, "한 학설의 편견을 고집하는 것을 성심(成心)이라고 한다.(執一家之偏見者, 謂之成心.)"라고 하여 성심을 아예 편견으로 단정하였다. '스승 삼는다'고 한 '스승'은 시비에 대한 주관적인 판단 기준, 표준을 가리킨다. 임운명(林雲銘)은 '성심'의 폐해를 지적하여, "바로 성심이 가슴속에 자리 잡으면 단단하여 깨뜨릴 수 없다. 지혜로운 사람이나 어리석은 사람을 가릴 것 없이 모두 그렇다.(便有成見在胸中, 牢不可破. 無知愚, 皆然.)"라고 경계하였다.[陳鼓應, 『莊子今注今譯』, 中華書局, 1999, 57쪽.]

사람들이 고정 관념에서 비롯되는 편견을 극복하게 되면 상대의 입장에서 보려는 사고의 유연성과 나와 다른 견해를 받아들이는 포용력을 확대할 수 있다. 따라서 나를 변화시키고 상대를 변화시킬 수 있는 힘을 갖게 하고, 또한 주관적 가치 판단을 넘어서 진실에 보다 접근할 수 있는 가능성을 열어 준다.

|원문1| 말라 죽은 나무와 불 꺼진 재

〈제물론(齊物論)〉
南郭子綦隱机而坐, 仰天而噓, 嗒焉似喪其耦. 顔成子游立侍乎前曰. 何居乎? 形固可使如槁木, 而心固可使如死灰乎? 今之隱机者, 非昔之隱机者也. 子綦曰. 偃, 不亦善乎. 而問之也. 今者吾喪我, 汝知之乎.

|구절 풀이|

- **남곽자기**(南郭子綦) : 초(楚)나라 사람으로 초 장왕(莊王)의 동생이라고 하는데, 사실은 장자가 설정한 가상의 인물이다. 綦 연둣빛 기
- **은궤**(隱机) : 책상에 기대다. 隱 숨을 은·기댈 은, 机 책상 궤(几와 같은 자)
- **허**(噓) : 숨을 천천히 내쉬다. 탄식하다.
- **탑언**(嗒焉) : 멍하다. '망아(忘我)'의 초월적 경지를 형용한다. 嗒 명할 탑 (嚃과 같은 자)
- **상기우**(喪其耦) : 자신의 육체를 잃은 듯하였다. 육체를 초월한 경지를 가리킨다. 우(耦)는 '짝'의 의미로, 여기서는 정신에 대하여 그 짝인 육체를 가리킨다.

- **안성자유**(顔成子游) : 남곽자기(南郭子綦)의 제자로, 이름이 언(偃)이고 자유(子游)는 그의 자이다.
- **기**(居) : 의문어조사이다.
- **'고목'**(槁木)과 **'사회'**(死灰)는 육체(肉體)로 대표되는 외적인 구속이나 한계, 나아가 현상적인 시비분별을 초월한 상태이다.
- **이문지**(而問之) : 네가 그것을 묻다니. 이(而)는 2인칭대명사이다.
- **오상아**(吾喪我) : 나는 주관적인 나를 잃었다. '오(吾)'는 자체로서의 나[객관적인 내]이고, '아(我)'는 상대와의 관계 속에서 형성된 나[주관적인 내]이다.

|원문 번역|

남곽자기가 책상에 기대 앉아 하늘을 우러러보면서 숨을 내쉬는데, 멍하니 자신의 육체를 잃은 듯하였다. 안성자유가 앞에 서서 모시고 있다가 말했다. "어찌된 일이십니까? 육체는 진실로 죽은 나무와 같게 할 수 있으며 마음은 진실로 불 꺼진 재와 같게 할 수 있습니까? 지금 책상에 기대고 계신 것은 전날 책상에 기대고 계셨던 모습이 아닙니다." 남곽자기가 말했다. "언아, 훌륭하구나. 네가 그것을 묻다니. 지금 나는 주관적인 나를 잃었는데, 네가 그것을 알았구나.

|주제 해설|

주관적인 나를 버리고 차별심에서 벗어난 모습을 그리고 있다. 그런 상태라야 만물을 같게 볼 수 있고, 물아일체의 경지에 이를 수 있음을 말한 것이다. '아(我)'로 표현된 자아라는 주관이 배제된 곳, 즉 마음이 불 꺼진 재와 같아진 평정의 상태에서 제대로 보고 제대로 판단할 수 있음을 밝힌 우언이다.

| 연습문제 |

一. 다음 표현의 음과 뜻을 쓰시오.

　　1) 隱机(　　) :

　　2) 何居乎(　　) :

　　3) 喪其耦(　　) :

二. 다음 용어에 대해 설명하시오.

　　1) 탑언(荅焉) :

　　2) 고목(枯木) :

　　3) 사회(死灰) :

三. 다음 문장을 번역하시오.

　　1) 仰天而噓. :

　　2) 形固可使如槁木. :

　　3) 今者吾喪我, 汝知之乎. :

四. 위 문장과 관련된 성어(成語)를 한자로 쓰시오.(死灰, 枯木)

五. '而問之'에서 '而'의 문법적 기능을 설명하시오.

六. 위 문장의 주제를 약술하시오.

| 원문 2 | 곤어가 붕새로 변하다

〈소요유(逍遙遊)〉

北冥有魚, 其名爲鯤. 鯤之大, 不知其幾千里也. 化而爲鳥, 其名爲鵬. 鵬之背, 不知其幾千里也. 怒而飛, 其翼若垂天之雲. 是鳥也, 海運則將徙於南冥, 南冥者, 天池也. 齊諧者, 志怪者也. 諧之言曰. 鵬之徙於南冥也, 水擊三千里, 搏扶搖而上者九萬里, 去以六月息者也.

| 구절 풀이 |

- **북명**(北冥) : '북쪽에 있는 바다'라는 의미로, '북명(北溟)'으로도 쓴다.
- **곤**(鯤) : 원래는 물고기의 알인데, 여기에서는 반대로 큰 물고기를 가리키는 말로 끌어 씀으로써 보통사람들의 주관적 판단의 한계, 즉 고정관념을 깨뜨리고자 한 것이다. 鯤 곤이(물고기알) 곤·곤어(큰물고기) 곤
- **붕**(鵬) : '봉(鳳)'의 고자(古字)이다. 여기에서는 큰 새를 가리키는 말로 쓰였다.
- **노**(怒) : '로(勞)'와 통용되어 '노력하다', '분발하다'의 뜻이다.
- **수천**(垂天) : '수(垂)'는 가장자리[수(陲)]의 의미로, '수천(垂天)'은 '하늘에 가장자리한', '하늘가의'라는 뜻이다. 垂 늘어질 수·가장자리 수·변방 수
- **해운**(海運) : 두 가지 풀이가 있다. 하나는 "바다로 가다."로 풀어 '운(運)'의 주어를 붕새로 보는 곽상(郭象)의 설이다. 다른 하나는 "바다가 움직이다."로 풀어 '운(運)'의 주어를 바다로 보는 곽경번(郭慶藩)의 설이다. 여기서는 후자를 취하였다. 그 이유는 바다가 움직이고 바람이 일어나니 그 바람을 타고 구만리(九萬里)에 오른다는 맥락과의 연계

가 자연스럽기 때문이다. 진고응(陳鼓應)의 『장자금주금역(莊子今註今譯)』에서도, "바다가 움직이고 바람이 일어난다.(海運風起)"라고 하였다.

- **천지**(天池) : 천연(天然)의 못이라는 뜻이다.
- **제해**(齊諧) : 서명(書名)이다. 일설에는 인명(人名)이라고도 한다.
- **수격삼천리**(水擊三千里) : 물이 삼천리로 솟구치다. '격(擊)'은 '격(激)'과 통하여, 회오리바람으로 물이 솟구치는 것이다.
- **단부요이상자구만리**(摶扶搖而上者九萬里) : 회오리바람을 차고 오르는 것이 구만 리이다. 단(摶)은 박(搏)의 오류이다. '부요(扶搖)'는 표풍(飆風), 즉 회오리바람이다.

|원문 번역|

북쪽 바다에 물고기가 있는데 그 이름이 곤어이다. 곤어의 크기는 그것이 몇천 리인지 모른다. 변하여 새가 되는데 그 이름이 붕새이다. 붕새의 등도 그것이 몇천 리인지 모른다. 깃을 떨치고 날게 되면 그 날개는 마치 하늘가의 구름과 같다. 이 새는 바다가 움직이면 남쪽 바다로 옮겨 가려 하는데, 남쪽 바다라는 것은 천지(天池)이다. 제해(齊諧)라는 책은 괴이한 것을 기록한 것이다. 제해의 글에서 말하기를, "붕새가 남쪽 바다로 옮겨 갈 때에는, 물이 삼천리로 솟구치면 회오리바람을 차고 오르는 것이 구만 리이고, 떠나서 여섯 달 만에 휴식을 취하는 것이다."라고 하였다.

|주제 해설|

곤어(鯤魚)와 붕새의 이야기는 사람들로 하여금 발상의 전환을 통해 고정 관념과 사유의 한계를 타파하도록 하기 위한 설정이다. 이어 '제해(齊諧)' 이하의 후반부에서 그 설정을 뒷받침하는 근거를 제시하고 있다. '곤(鯤)'은 원래 물고기 알인데, 여기에서는 반대로 큰 물고기를 가리키는 말로 끌어 씀으로써 보통사람들의 주관적이고 고정적인 판단의 경계를 깨뜨리고 있다. 물고기가 새로 변하는 것 역시 보통사람들이 갖고 있는 고정 관념을 타파하기 위한 설정이다. 물고기 알과 큰 물고기를 대비하여 크기에 대한 고정 관념과 물고기와 새를 대비하여 개체에 대한 고정 관념을 초월하도록 한 것이다. 장자는 그 고정 관념을 '성심(成心)'으로 개념화하였다. 장자 철학의 핵심 가운데 하나인 한계의 초월을 제시한 우언으로, 사유의 한계를 타파하기 위한 비유를 통하여 발상의 전환을 유도하고 있다.

| 연습문제 |

一. 다음 표현의 음과 뜻을 쓰시오.

　　1) 海運(　　) :

　　2) 垂天(　　) :

　　3) 志怪(　　) :

二. 다음 용어에 대해 설명하시오.

　　1) 북명(北冥) :

　　2) 제해(齊諧) :

　　3) 부요(扶搖) :

三. 다음 문장을 번역하시오.

　　1) 化而爲鳥, 其名爲鵬. :

　　2) 怒而飛. :

　　3) 水擊三千里. :

四. 위 문장과 관련된 성어(成語)를 한자로 쓰시오.(鵬程萬里, 鵬遊胡蝶)

五. '其名爲鯤'에서 '爲'의 문법적 기능을 설명하시오.

六. 위 문장의 주제를 약술하시오.

| 원문 3 | 고정 관념 [성심(成心)]

〈제물론(齊物論)〉
夫隨其成心, 而師之, 誰獨且无師乎. 奚必知代, 而心自取者有之. 愚者與有焉. 未成乎心而有是非, 是今日適越而昔至也. 是以无有爲有, 无有爲有, 雖有神禹, 且不能知, 吾獨且奈何哉.

| 구절 풀이 |

- **성심**(成心) : 이미 형성된 마음, 즉 고정 관념을 가리킨다.
- **무사호**(无師乎) : 스승이 없겠는가. '사(師)'는 시비(是非)에 대한 주관적인 판단기준, 표준을 가리킨다.
- **대**(代) : 대신하여 바꾼다는 뜻에서 '변화(變化)'를 의미한다.
- **금일적월이석지**(今日適越而昔至) : 오늘 월나라로 가는데 어제 도착하였다. '어불성설(語不成說)'이라는 의미로, 고정 관념 때문에 시비가 생긴다는 것을 강조하기 위한 비유이다. 適 갈 적·맞을 적

| 원문 번역 |

고정된 마음을 따라 그것을 스승으로 삼는다면, 누구인들 어찌 스승이 없겠는가. 어찌 반드시 변화를 알아서 마음에 스스로 (변화를) 취하는 자만이 그것을 갖고 있겠는가. 어리석은 자도 함께 그것을 가지고 있다. 아직 마음이 고정되지 않았는데 시비가 있다는 것은 오늘 월나라로 가는데 어제 도착하였다는 격이다. 이것은 (시비의 기준이) 없는 것을 있다고 하는 것이니, 없는 것을 있다고 한다면 비록

신령스런 우임금이라도 오히려 알 수 없을 텐데, 내가 홀로 또 어찌 하겠는가.

| 주제 해설 |

고정 관념을 없애야 시비가 일어나지 않음을 제시한 우언이다. 장자는 그 고정 관념을 '성심(成心)'으로 개념화하였다. 성심은 '이미 형성된 마음'이라는 뜻으로, 고정 관념을 가리키는 말이다. 자아를 중심으로 하는 주관에 의해 '성심'이 생기고 여기에서 시비가 일어난다. 위에서 말한 '스승'은 시비에 대한 주관적인 판단 기준을 가리킨다. '오늘 월나라로 가는데 어제 도착하였다'는 것은 고정 관념이 없는데 시비가 일어나는 것은 말이 되지 않는다는 뜻이다. 시비의 초월이 '주장을 같게 보는 것[제론(齊論)]'이다.

|연습문제|

一. 다음 표현의 음과 뜻을 쓰시오.

　　1) 知代(　　) :

　　2) 自取(　　) :

二. 다음 용어에 대해 설명하시오.

　　1) 성심(成心) :

　　2) 신우(神禹) :

三. 다음 문장을 번역하시오.

　　1) 今日適越而昔至也. :

　　2) 以无有爲有. :

四. 위 문장과 관련된 성어(成語)를 한자로 쓰시오.(成心)

五. '而師之'에서 '之'가 가리키는 부분을 찾아 쓰시오.

六. 위 문장의 주제를 약술하시오.

|원문4| 육체를 떠나고 지식을 버리다 [좌망(坐忘)]

〈대종사(大宗師)〉

顔回曰. 回益矣. 仲尼曰. 何謂也? 曰. 回忘仁義矣. 曰. 可矣, 猶未也. 他日復見曰. 回益矣. 曰. 何謂也? 曰. 回忘禮樂矣. 曰. 可矣, 猶未也. 他日復見曰. 回益矣. 曰. 何謂也? 曰. 回坐忘矣. 仲尼蹴然曰. 何謂坐忘? 顔回曰. 墮肢體, 黜聰明, 離形去知, 同於大通. 此謂坐忘. 仲尼曰. 同則无好也, 化則无常也. 而果其賢乎. 丘也請從而後也.

|구절 풀이|

- **좌망**(坐忘) : 정좌한 채 상대와 나를 잊은 경지, 즉 무아(無我)의 경지를 가리킨다.
- **축연**(蹴然) : 놀라는 모습이다. 蹴 찰 축·삼갈 축·얼굴빛 변할 축·놀랄 축
- **출총명**(黜聰明) : 눈과 귀의 작용을 몰아내다. 감각 기능, 즉 지각·지식 등에서 초월하는 것을 가리킨다. 장묵생은 『장자신석(莊子新釋)』에서, '마음은 불 꺼진 재와 같다(心如死灰)'는 경지라고 하였다. 黜 물리칠 출·내몰 출
- **휴지체**(墮肢體) : 사지(四肢)와 몸체를 잊어버리다. 사지와 몸체의 구속에서 벗어나다, 즉 생리적 욕망에 매이지 않는다는 뜻이다. 『장자신석』에서 '육체는 죽은 나무와 같다(形如槁木)'는 경지라고 하였다. 墮 떨어질 타·무너뜨릴 휴, 肢 사지 지
- **대통**(大通) : 대도(大道)를 가리킨다.
- **동즉무호**(同則无好) : 도와 일체가 되면 좋아함도 없어진다. '좋아함'은 좋아하고 싫어하는 차별의 마음을 포괄하는 개념이다. '동(同)'을 상대와 동화(同和)된 경지, 즉 물아일체의 경지로 보기도 한다.
- **화즉무상**(化則无常) : 변화를 따르면 한결같음도 없어진다. 상리(常理)라고 하여 한결같음에 집착하는 고정 관념도 없어짐을 가리킨다.

| 원문 번역 |

안회가 말했다. "저에게 진보가 있었습니다." 공자가 물었다. "무엇을 말하는 것인가?" 안회가 대답하였다. "저는 인의(仁義)를 잊게 되었습니다." 공자가 말했다. "괜찮지만 아직은 아니다." 다른 날 다시 뵙고 말했다. "저에게 진보가 있었습니다." 공자가 물었다. "무엇을 말하는 것인가?" 안회가 대답하였다. "저는 예악(禮樂)을 잊게 되었습니다." 공자가 말했다. "괜찮지만 아직은 아니다." 다른 날 다시 뵙고 말했다. "저에게 진보가 있었습니다." 공자가 물었다. "무엇을 말하는 것인가?" 안회가 대답하였다. "저는 좌망(坐忘)을 하게 되었습니다." 공자가 놀라며 물었다. "좌망이란 무엇을 말하는 것인가?" 안회가 대답하였다. "사지(四肢)와 몸체를 잊어버리고 눈과 귀의 작용을 몰아내었으니 육체를 떠나고 지식을 버림으로써 대도(大道)와 일체가 되었습니다. 이것을 좌망이라고 합니다." 공자가 말했다. "도와 일체가 되면 좋아함도 없어지고 변화를 따르면 한결같음도 없어진다. 너는 과연 훌륭하구나. 나도 너를 따라 배워야 하겠다."

| 주제 해설 |

도를 추구하는 안회와 스승인 공자를 등장시켜 수양의 최고 경지인 '좌망(坐忘)'의 상태를 설명한 우언이다. 좌망은 인의나 예악 등의 규범, 육체나 지식 등의 한계와 고정 관념을 초월하여 도와 혼연일체가 된 경지이다. 좋아하고 싫어하는 차별의 마음이 없어지고, 상리(常理)라고 하여 한결같음에 집착하는 마음도 없어진다. 공자가 강조한 '무적무막(無敵無莫)'의 경지이다.

| 연습문제 |

一. 다음 표현의 음과 뜻을 쓰시오.

  1) 回益矣(   ) :

  2) 復見(   ) :

  3) 猶未也(   ) :

二. 다음 용어에 대해 설명하시오.

  1) 좌망(坐忘) :

  2) 축연(蹵然) :

  3) 대통(大通) :

三. 다음 문장을 번역하시오.

  1) 墮肢體, 黜聰明. :

  2) 離形去知. :

  3) 同則无好. :

四. 위 문장과 관련된 성어(成語)를 한자로 쓰시오.(坐忘, 離形去知)

五. '請從而後'에서 '後'의 품사를 밝히고 문법적 기능을 설명하시오.

六. 위 문장의 주제를 약술하시오.

2. 순응자연(順應自然)

도가에서 사람의 삶 가운데 최고의 덕목으로 중시한 것이 '순응자연'이다. 〈양생주(養生主)〉편의 '포정해우(庖丁解牛)' 우언에서 제시되었듯이 그것은 '자연의 이치에 따르는 것[의호천리(依乎天理)]', 즉 '원래 상태를 따르는 것[인기고연(因其固然)]'이다. 이는 양생의 주체인 정신을 손상시키지 않는 것이고 만물과 더불어 굽이굽이 그 물결에 따라 사는 것이다. 〈인간세(人間世)〉편에서는, "그것이 어쩔 수 없음을 깨닫고 편안히 여기기를 운명처럼 하니 지극한 덕이다.(知其不可奈何, 而安之若命, 德之至也.)"라고 하여 자연의 이치를 깨닫고 그에 따르는 '순응자연'을 지극한 덕이라고 하였다.

열자(列子)는 『열자·역명(力命)』편에서 "자체로 장수하고 자체로 요절하며, 자체로 곤궁하고 자체로 영달한다. 자체로 가난하고 자체로 비천하며, 자체로 부귀하고 자체로 고귀하다. 비록 천명이 아닌 것이 없다고 말하지만, 또한 조물주가 제어할 수 있는 것도 아니니, 단지 자연에 맡길 뿐이다.(自壽自夭, 自窮自達, 自貧自賤, 自富自貴. 雖曰莫非天命, 而亦非造物者所能制之, 直付之自然爾.)"라고 하였다. 모두 천명이기 때문에 자연에 맡기고 따를 수밖에 없다는 말이다. 왕충(王充)의 다음 설명은 도가에서 강조하는 자연(自然)과 무위(無爲)의 요체를 잘 정의하고 있다.

하늘의 움직임은 만물을 내고자 함이 아닌데 만물이 저절로 생겨난다. 이것이 바로 자연이다. 기운을 보내는 것은 만물을 만들고자 함이 아닌데 만물이 저절로 만들어진다. 이것이 바로 무위이다.
> 天動, 不欲以生物而物自生, 此則自然也. 施氣, 不欲以爲物而物自爲, 此則無爲也.『논형(論衡)·자연(自然)』

천지(天地)와 만물(萬物)은 스스로 나고 스스로 변화하면서 완성된다고 보는 도가의 자연관이다. 사람의 생사(生死), 궁달(窮達), 현우(賢愚) 등 모든 것이 이에 속해 있으니 따를 수밖에 없다. 따라서 도가에서는 순응자연을 최고의 덕목으로 강조하였다.

또한 장자는 〈어부(漁父)〉편에서 자연스러움을 중시하여, 그 속성인 '참됨[진(眞)]'과 외적으로 사람을 구속하는 '예(禮)'를 대비하여 참됨을 따를 것을 강조하였다.

> '참됨[진(眞)]'이란 것은 순수함과 진실됨의 극치이다. 순수하지 않고 진실되지 않으면 사람들을 감동시킬 수 없다. 그러므로 억지로 우는 자는 비록 슬퍼하지만 애절하지 않고 억지로 노여워하는 자는 비록 무섭지만 위엄스럽지 않으며, 억지로 가까이하는 자는 비록 웃지만 화합되지 않는다. 진정한 슬픔은 소리가 없어도 애절하고 진정한 노여움은 표현하지 않아도 위엄스러우며 진정한 가까움은 웃지 않아도 화합된다. 참됨은 안에 있는 것이고 정신이 외물에 반응한다. 이 때문에 참됨을 귀중히 여기는 것이다. …… '예(禮)'라는 것은 세속에서 행하는 것이고, 참됨이라는 것은 하늘에서 받아 자연스러워 바꿀 수 없는 것이다. 그러므로 성인(聖人)은 하늘을 본받고 참됨을 귀하게 여기

며 세속에 구애되지 않는다.

眞者, 精誠之至也. 不精不誠, 不能動人. 故强哭者雖悲不哀, 强怒者雖嚴不威, 强親者雖笑不和. 眞悲无聲而哀, 眞怒未發而威, 眞親未笑而和. 眞在內者, 神動於外, 是所以貴眞也. …… 禮者, 世俗之所爲也, 眞者, 所以受於天也, 自然不可易也. 故聖人法天貴眞, 不拘於俗.)

인위적인 예(禮)는 사람들에게 억지를 강요하는 반면, 참됨은 가식 없는 감정에서 우러나오는 것이다. 이것이 자연무위이고 그것을 따르는 것이 순응자연이다.

|원문1| 중도(中道)를 따라야 천수를 다한다

〈양생주(養生主)〉

吾生也有涯, 而知也无涯. 以有涯隨无涯, 殆已. 已而爲知者, 殆而已矣. 爲善无近名, 爲惡无近刑. 緣督以爲經, 可以保身, 可以全生, 可以養親, 可以盡年.

|구절 풀이|

- **오생야유애**(吾生也有涯) : 나의 삶은 끝이 있다. 涯 물가 애·끝 애
- **이지야무애**(而知也无涯) : 지식은 끝이 없다. '지(知)'는 지식을 포함한 생각이나 욕망 등, 사람의 인식 작용을 가리킨다.
- **위지자**(爲知者) : '위(爲)'는 '구하려고 하다', '추구하다'의 뜻이다. '자(者)'

는 조건의 연사(連詞)로, '즉(則)'과 통한다.
- **연독**(緣督) : 중도(中道)를 따르다. '독(督)'은 중도(中道), 중용(中庸), 나아가 자연의 이치를 가리키는 말이다. 緣 가장자리 연·따를 연, 督 살필 독·가운데 독

| 원문 번역 |

나의 삶은 끝이 있는데 지식은 끝이 없다. 끝이 있는 것으로 끝이 없는 것을 추구하니 위태롭다. 이미 그런데도 지식을 추구한다면 위태롭게 될 뿐이다. 좋은 일을 하더라도 명성에 가깝게[명성을 얻으려] 하지 말고, 나쁜 일을 하더라도 형벌에 가깝게[형벌을 당하게] 하지 마라. 중도(中道)를 따르는 것으로 법을 삼으면 몸을 보존할 수 있고 생명을 온전히 할 수 있으며, 어버이를 섬길 수 있고 천수를 다할 수 있다.

| 주제 해설 |

생명을 잘 가꾸는 비결은 지식, 성취 등에 대한 끝없는 욕망과 분별심을 그치고 자연의 결에 따르는 것, 즉 순응자연에 있다. 그 결과로 몸을 보존하게 되고 생명을 온전히 할 수 있으며, 어버이에게 누를 끼치지 않게 되고 천수를 다할 수 있다는 것이다.

|연습문제|

一. 다음 표현의 음과 뜻을 쓰시오.

　　1) 近名(　　) :

　　2) 盡年(　　) :

二. 다음 용어에 대해 설명하시오.

　　1) 유애(有涯) :

　　2) 전생(全生) :

三. 다음 문장을 번역하시오.

　　1) 以有涯隨无涯, 殆已. :

　　2) 可以保身, 可以全生. :

四. 위 문장과 관련된 성어(成語)를 한자로 쓰시오.(緣督)

五. '爲知者'에서 '者'의 문법적 기능을 설명하시오.

六. 위 문장의 주제를 약술하시오.

|원문 2| 양생의 비결 [포정해우(庖丁解牛)]

〈양생주(養生主)〉

庖丁爲文惠君解牛, 手之所觸, 肩之所倚, 足之所履, 膝之所踦, 砉然嚮然, 奏刀騞然, 莫不中音, 合於桑林之舞, 乃中經首之會. 文惠君曰. 譆. 善哉. 技蓋至此乎? 庖丁釋刀, 對曰. 臣之所好者, 道也, 進乎技矣. 始臣之解牛之時, 所見无非全牛者. 三年之後, 未嘗見全牛也. 方今之時, 臣以神遇, 而不以目視. 官知止, 而神欲行. 依乎天理, 批大卻, 導大窾, 因其固然. 技經肯綮之未嘗, 而況大軱乎. 良庖歲更刀, 割也, 族庖月更刀, 折也. 今臣之刀, 十九年矣, 所解數千牛矣, 而刀刃若新發於硎. 彼節者有閒, 而刀刃者无厚. 以无厚入有閒, 恢恢乎其於遊刃, 必有餘地矣. 是以十九年, 而刀刃若新發於硎. 雖然, 每至於族, 吾見其難爲, 怵然爲戒. 視爲止, 行爲遲, 動刀甚微, 謋然已解, 如土委地. 提刀而立, 爲之四顧, 爲之躊躇滿志, 善刀而藏之. 文惠君曰. 善哉. 吾聞庖丁之言, 得養生焉.

|구절 풀이|

- **포정**(庖丁) : 소나 돼지 등을 잡는 일을 업으로 하는 사람이다. 庖 부엌 포·백장 포

- **문혜군**(文惠君) : 누구인지 미상이다. 위(魏) 양혜왕(梁惠王)이라고도 전해진다.

- **슬지소기**(膝之所踦) : 무릎을 대는 곳. 踦 절름발이 기·닿을 기

- **획연향연**(砉然嚮然) : 획 소리가 나고 울리다. 砉 뼈 바르는 소리 획, 嚮 울릴 향·메아리 향[響과 통용]

- **주도획연**(奏刀騞然) : 칼을 놀리는 것이 획획 소리가 나다. 騞 칼쓰는 소리 획
- **상림지무**(桑林之舞) : 상림의 춤. 상림은 탕(湯)임금 때의 악곡 이름이다.
- **경수지회**(經首之會) : 경수의 가락. 경수는 요(堯)임금 때의 악곡 이름이다. '회(會)'는 음악의 운율(韻律), 가락을 가리킨다.
- **기합지차호**(技蓋至此乎) : 기술이 어떻게 이 경지까지 이르렀는가. 蓋 덮을 개·대개 개·어찌 합[盍과 통용-]
- **비대각**(批大卻) : 큰 틈을 밀치다. 批 칠 비·밀칠 비, 卻 물리칠 각·틈 각
- **도대관**(導大窾) : 큰 공간에 (칼을) 넣다. 窾 빌관·구멍 관
- **기경긍계지미상**(技經肯綮之未嘗) : 기술을 아직 뼈와 살이 붙은 곳에 써 본 적이 없다. 긍경(肯綮)은 뼈와 살이 붙은 곳을 가리킨다. 肯 수긍할 긍·뼈에 붙은 살 긍, 綮 창집 계·힘줄 붙은 곳 경
- **황대고호**(況大軱乎) : 하물며 큰 뼈이겠습니까. 軱 큰뼈 고
- **족포월경도**(族庖月更刀) : 보통의 백정은 달마다 칼을 바꾼다. 족(族)은 '중(衆)'의 뜻이다.
- **도인약신발어형**(刀刃若新發於硎) : 칼날이 방금 숫돌에서 나온 듯하다. 硎 숫돌 형
- **출연위계**(怵然爲戒) : 마음 졸이며 조심하다. 출연(怵然)은 놀라서 경계하고 두려워하는 모습이다.
- **획연이해**(謋然已解) : 획하고 갈라지다. 謋 재빠를 획·뼈 발라내는 소리 획
- **위지사고**(爲之四顧) : 이에 사방을 둘러보다. '爲'는 원인, 이유를 나타내는 개사이고, '之'는 소를 결에 따라 제대로 분해한 것을 가리킨다.
- **주저만지**(躊躇滿志) : 어슬렁거리며 흐뭇해하다. 躊 머뭇거릴 주, 躇 머뭇거릴 저

| 원문 번역 |

포정이 문혜군을 위해 소를 잡는데 손이 닿는 곳, 어깨를 기대는 곳, 발로 밟는 곳, 무릎을 대는 곳이 쉭하고 울리면서 칼을 놀리는 것이 획획 소리가 나는데, 음절에 맞지 않는 것이 없으니 상림의 춤과 합치하고 경수의 가락에 맞았다.

  문혜군이 말하였다. "아! 훌륭하구나. 기술이 어떻게 이 경지까지 이르렀는가?" 포정이 칼을 놓고 대답하였다. "제가 좋아하는 것은 도(道)로서, 기술보다 앞서는 것입니다. 처음에 제가 소를 잡을 때, 보이는 것은 소의 전체 모습뿐이었습니다. 3년 뒤에는 아예 소의 전체 모습이 보이지 않았습니다. 지금에는 저는 정신으로 대할 뿐 눈으로 보지 않습니다. 감각기관의 인식이 멈추고 정신의 작용만이 움직입니다. 천연의 결에 따라 큰 틈을 밀치고 큰 공간에 (칼을) 넣으니 그것의 원래 상태를 따릅니다. 기술을 아직 뼈와 살이 붙은 곳에 써본 적이 없는데, 하물며 큰 뼈이겠습니까. 훌륭한 백정은 해마다 칼을 바꾸는데 가르기 때문이며, 보통의 백정은 달마다 칼을 바꾸는데 끊기 때문입니다. 지금 저의 칼은 19년이 되었고 잡은 소는 수천 마리가 되지만 칼날은 방금 숫돌에서 나온 듯합니다. 소의 마디라는 것은 틈이 있고 칼날이라는 것은 두께가 없습니다. 두께가 없는 것을 틈이 있는 곳에 넣으니 드넓어서 칼날을 놀리는 데에 반드시 여유가 있습니다. 이 때문에 19년이 되었어도 칼날은 방금 숫돌에서 나온 듯합니다. 그렇지만 매번 (뼈와 힘줄이) 모여 있는 곳에 이르면 저는 그것이 다루기 어려움을 알고 마음 졸이며 조심합니다. 시선은 그래서 고정되고 움직임은 그래서 느려지며, 칼놀림은 몹시 미세해지면서 획하고 갈라져 흙덩이가 땅에 쌓이듯 합니다. 칼을 들고 일어서서는 이에 사방을 둘러보고 이에 어슬렁거리며 흐뭇해하다가 칼을 잘 손질해서 보관합니다."

문혜군이 말하였다. "훌륭하구나. 나는 포정의 말을 듣고 양생(養生)의 이치를 터득하였다."

| 주제 해설 |

포정(庖丁)이 신기(神技)의 경지로 소를 잡는 비유를 들어, 생명을 가꾸는 도리[양생]의 핵심인 순응자연(順應自然)의 이치를 설명하고 있다. 포정은 소를 잡을 때 결에 따라 칼을 놀리기 때문에 칼에 무리가 가지 않아 19년을 써도 새것과 같다고 했다. 여기서 말하는 칼은 사람이 일생을 살아가는 도구인 육체와 정신을 비유한 것이다. 우리의 육체와 정신도 무리와 과로, 갈등과 고민 등의 손상을 가하지 않으면 오래도록 잘 유지할 수 있다. 특히 정신면에서 탐욕과 집착을 초월함으로써 마음의 평온을 유지하는 것이 양생의 비결이라는 가르침이다.

| 연습문제 |

一. 다음 표현의 음과 뜻을 쓰시오.

　　1) 大窾(　　) :

　　2) 族庖(　　) :

　　3) 恢恢(　　) :

二. 다음 용어에 대해 설명하시오.

　　1) 경수(經首) :

　　2) 긍계(肯綮) :

　　3) 출연(怵然) :

三. 다음 문장을 번역하시오.

　　1) 技蓋至此乎? :

　　2) 官知止, 而神欲行. :

　　3) 刀刃若新發於硎. :

四. 위 문장과 관련된 성어(成語)를 한자로 쓰시오.(庖丁解牛)

五. '因其固然'과 같은 의미의 구절을 본문에서 찾아 쓰시오.(依乎天理)

六. '莫不中音'에서 '莫'의 문법적 기능을 설명하시오.

七. 위 문장의 주제를 약술하시오.

|원문 3| 삶과 죽음이 순응자연의 실례이다

〈양생주(養生主)〉
老聃死, 秦失弔之, 三號而出. 弟子曰. 非夫子之友邪. 曰然. 然則
弔焉, 若此可乎? 曰然. 始也吾以爲其人也, 而今非也. 向吾入而
弔焉, 有老者哭之, 如哭其子, 少者哭之, 如哭其母. 彼其所以會
之, 必有不蘄言而言, 不蘄哭而哭者. 是遁天倍情, 忘其所受, 古
者謂之遁天之刑. 適來, 夫子時也, 適去, 夫子順也. 安時而處順,
哀樂不能入也, 古者謂是帝之縣解.

|구절 풀이|

- **진일**(秦失) : 노자(老子)의 친구이다.
- **필유불기언이언**(必有不蘄言而言) : 반드시 (노자는 칭송의) 말을 바라지 않았겠지만 말하게 함이 있었다. 살아 생전에 그런 욕망이 있었기 때문이라는 비판이다.
- **둔천배정**(遁天倍情) : 자연의 도리를 회피하고 실정을 거스르다. 천성을 어기고 진정을 거스름을 가리킨다.
- **현해**(縣解) : 거꾸로 매달린 데에서 풀어주다. '현(縣)'은 '현(懸)'의 본래자이다. 縣 고을 현·매달 현

|원문 번역|

노자가 죽자 진일이 조문하는데, 세 번 호곡(號哭)하고서 나왔다. 제자가 물었다. "선생님의 친구가 아닙니까." "그렇다." "그렇다면 조문하는데 이와 같이 해도 괜찮습니까?" "그렇다. 처음에 나는 (노자

를) 그 사람[지인(至人)]으로 생각했는데 지금은 아니구나. 아까 내가 들어가 조문할 때, 노인이 곡하는데 자기 자식에 대해 곡하듯이 하고 젊은 사람이 곡하는데 자기 어머니에 대해 곡하듯이 하였다. 저들이 그렇게 거기에 모인 이유는, 반드시 (노자는 칭송의) 말을 바라지 않았겠지만 말하게 함이 있었고, (노자는 그들이) 곡하기를 바라지는 않았겠지만 곡하게 함이 있었던 것이다. 이것은 자연의 도리를 회피하고 실정을 거슬러 그가 (하늘에서) 받은 바를 잊은 것이니, 옛날에 이것을 일컬어 '자연의 도리를 회피한 죄[둔천지형(遁天之刑)]'라고 하였다. 마침 (이 세상에) 온 것은 선생이 올 때가 되었던 것이고, 마침 떠나는 것은 선생이 (자연의 도리를) 따르는 것이다. (올) 때를 편안히 여기고 (자연의 도리를) 따르게 되면 슬픔과 기쁨이 끼어들 수 없으니, 옛날에 이것을 일러 '상제(上帝)가 거꾸로 매달린 데에서 풀어 주는 것'이라고 하였다."

| 주제 해설 |

태어남에 대해 오는 때를 편안히 여기고, 죽음에 대해 자연의 도리를 따르고자 하는[安時而處順], 순응자연의 이치를 드러낸 문장이다. 노자가 죽자 사람들이 슬퍼한 것은 노자가 살았을 때 순응자연의 이치를 체득하여 주변인에게 가르침을 이룬 모습이 아니라는 비판이다.

| 연습문제 |

一. 다음 표현의 음과 뜻을 쓰시오.

　　1) 其人(　　) :

　　2) 薪言(　　) :

二. 다음 용어에 대해 설명하시오.

　　1) 둔천(遁天) :

　　2) 현해(縣解) :

三. 다음 문장을 번역하시오.

　　1) 忘其所受. :

　　2) 適去, 夫子順也. :

　　3) 安時而處順, 哀樂不能入也. :

四. 위 문장과 관련된 성어(成語)를 한자로 쓰시오.(安時處順, 縣解)

五. '吾以爲其人也'에서 '以爲'의 문법적 기능을 설명하시오.

六. 위 문장의 주제를 약술하시오.

| 제7강 |

장자의 인생관[2] :
상대주의相對主義

장자는 전국시대의 혼란기를 살면서 국가 간, 또는 개인 간에 일어나는 수많은 갈등과 그로 인해 야기되는 투쟁을 목도하고 그 해결책을 찾고자 고심하였다. 장자는 결국 갈등의 요인이 주관과 고정 관념에서 비롯되는 편견임을 깨닫고 그것을 극복하는 방법으로 상대주의론을 제시하였다.

 장자는 세상의 모든 존재와 현상을 상대적인 것으로 보고, 세상 사람들에게 상대적인 가치를 절대화시켜 평가의 척도로 삼는 어리석음에서 벗어날 것을 깨우쳤다. 이는 다음과 같은 노자의 상대주의관을 계승한 것이다.

 세상 사람들이 모두 아름다운 것이 아름답다고 알지만 그것은 추한 것 때문이고, 모두 선한 것이 선하다고 알지만 그것은 선하지 않은 것 때문이다. 유(有)와 무(無)가 서로를 내고 어려움과 쉬움이 서로를 이루며, 긴 것과 짧은 것이 서로를 비교해 주고 높은 것과 낮은 것이 서로를 차이 나게 하며, 음(音)과 성(聲)이 서로를 조화하게 하고 앞과 뒤가 서로를 따르는 것이 한결같은 이치이다.

天下皆知美之爲美, 斯惡已, 皆知善之爲善, 斯不善已. 有無相生, 難易相成, 長短相較, 高下相傾, 音聲相和, 前後相隨, 恒也.)『노자·제2장』

노자는 여기에서 미추(美醜), 선악(善惡), 유무(有無), 난이(難易) 등 일상의 현상이 모두 상대적인 이치임을 말하고 있다.

장자는 〈추수(秋水)〉편에서, "차이가 난다는 점에서 보아 자기가 크다고 여기는 것에 따라 크다고 한다면 만물은 크지 않은 것이 없고, 자기가 작다고 여기는 것에 따라 작다고 한다면 만물은 작지 않은 것이 없다.(以差觀之. 因其所大而大之, 則萬物莫不大, 因其所小而小之, 則萬物莫不小.)"라 하였고 〈제물론(齊物論)〉에서는, "천하에는 추호의 끝보다 더 큰 것이 없고 태산은 작으며, 일찍 죽은 아이보다 장수한 이가 없고 팽조는 요절한 것이다.(天下莫大於秋豪*之末, 而大山*爲小, 莫壽於殤子*, 而彭祖爲夭*.)"라고 하여 상대주의관을 더욱 구체적

---

* 추호(秋豪) : 가을 털갈이를 한 짐승의 가는 털이다. 미세한 물건을 비유한다. '호(豪)'는 '호(毫)'와 통용된다.
* 태산(大山) : 태산(泰山)의 다른 표기이다.
* 상자(殤子) : 20세 이전에 죽은 아이를 가리킨다. 19세에서 16세 사이에 죽은 아이를 장상(長殤), 15세에서 12세 사이에 죽은 아이를 중상(中殤), 11세에서 8세 사이에 죽은 아이를 하상(下殤), 7세 이하에 죽은 아이를 무복지상(無服之殤)이라고 한다. 殤 일찍 죽을 상, 夭 일찍 죽을 요·예쁠 요·어린애 오
* 팽조위요(彭祖爲夭) : 팽조는 요절한 것이다. 팽조는 전설에 등장하는 인물

으로 제시하였다. 아무리 큰 것이라도 그보다 더 큰 것이 있고 아무리 작은 것이라도 그보다 더 작은 것이 있다. 크고 작은 것, 오래 살고 일찍 죽는 것, 귀하고 천한 것, 옳고 그른 것 등이 모두 보는 관점에 따른 차이일 뿐이지 고정된 기준이 있는 것이 아니라는 장자의 주장이다.

시비의 절대적 기준이 있을 수 없는데 사람들은 자신의 주관적 판단에 입각하여 옳고 그름을 따진다. 여기에서 상대와의 갈등이 야기된다. 장자는 이러한 문제점을 직시하여 〈우언(寓言)〉편에서는, "나와 (생각이) 같으면 옳다고 하고 나와 다르면 그르다고 한다. (同於己爲是之, 異於己爲非之.)"라고 하여 사람들이 옳고 그름의 기준을 자신의 주관에 둠으로써 보편성을 잃게 됨을 지적하고 있다. 옳고 그름은 상황에 따라 달라지는 것이니 고정적인 기준에 집착하지 말아야 변화를 파악하여 만사에 현명하게 대처할 수 있다. 여기에서 각각의 다름을 인정하고 주관적 판단을 초월하는 지혜가 나온다. 〈우언(寓言)〉편에서, "공자는 나이 60세에 60세의 상태로 변화하여 전에 옳게 여겼던 것을 마침내는 그르다고 하였다. 지금 옳다고 하는 것이 59세에 그르다고 한 것이 아니라고 알 수 없다. (孔子行年六十而六

로 이름이 전갱(錢鏗)이다. 요임금의 신하로 팽성(彭城)에 봉해졌고, 하대(夏代)를 지나 은대(殷代)까지 700여 년을 살았다고 한다. 이상은 크고 작은 것[대소(大小)]과 오래 살고 일찍 죽는 것[수요(壽夭)]이 모두 상대적인 것이라서 관점에 따라 판단은 달라진다는 주장이다. 彭 땅이름 팽·장수 팽·곁 방·많을 방

十化, 始時所是, 卒而非之. 未知今之所謂是之非五十九非也.)"라고 하면서 상황의 변화, 가치관의 변화에 따라 주관적 판단은 변하는 것임을 지적하였다.

주관의 한계를 극복하는 방법으로, 장자는 시(是)도 비(非)도 모두 포용하는 긍정적 초월의 도인 '양행(兩行)'을 제시하였다. 〈제물론(齊物論)〉에서, "성인은 시비를 조화시켜 천균(天鈞)에서 쉬니. 이것을 '양행(兩行)'이라고 한다. (聖人和之以是非而休乎天鈞, 是之謂兩行.)"라고 하였다. '천균(天鈞)'은 자연의 고른 이치이다. '천(天)'은 자연(自然)이고 '균(鈞)'은 '균(均)'이니, '도의 견지에서 본 동일함'이다. 시(是)와 비(非)의 어느 한 면에 집착하여 분쟁을 그칠 줄 모르는 속인들에게, 시비를 섞어 버려 자연에 맡기는 '양행'의 지혜를 깨우쳐 준 것이다.

장자는 특히 시비분별을 앞세우는 유가의 태도를 비판하기 위해 도척(盜跖)을 내세워 다음과 같이 말하였다.

안내하는 자가 들어가서 (공자가 찾아왔음을) 알리자, 도척은 그 말을 듣고 크게 노하여, 눈은 번쩍이는 별과 같고 머리털이 치솟아 관을 찌르면서 말하였다. "…… 밭을 갈지 않으면서 밥을 먹고 천을 짜지 않으면서 옷을 입으며, 입술과 혀를 놀려 함부로 시비를 만들어 내어 천하의 군주들을 미혹시키고 천하의 선비들로 하여금 그 근본으로 돌아가지 못하게 하며, 망령되이 효도니 공경이니를 만들어 제후에 봉해지고 부귀해지기를 바라는 자이다."

謁者入通, 盜跖聞之大怒, 目如明星, 髮上指冠曰. …… 不耕而食, 不織

而衣, 搖脣鼓舌, 擅生是非, 以迷天下之主, 使天下學士不反其本, 妄作孝弟, 而僥倖於封侯富貴者也.『장자·도척(盜跖)』

장자가 도척의 입을 빌려, 유가가 시비를 따지고 효제(孝弟)를 드러내는 것은 결국 부귀영달을 위한 수단일 뿐이니 세상이 어지러운 까닭은 바로 이런 자들 때문이라고 신랄하게 비판하고 있다.

상대적인 제반 사항을 자신의 주관과 고정 관념으로 재단하여 평가한다면 인간 관계에서 조화가 이루어질 수 없다. 도가의 상대주의관은 상대적 차이와 다양성을 인정하는 세계관이다. 여기에서 다양한 이견과 갈등은 조화로 승화된다. 〈추수(秋水)〉편에서, "큰 지혜를 가진 사람은 먼 것과 가까운 것을 두루 본다. 그러므로 작다고 하찮게 여기지 않고 크다고 대단하게 여기지 않는다. 양이 끝이 없음을 알기 때문이다.(大知觀於遠近. 故小而不寡, 大而不多. 知量无窮.)"라고 하였듯이. 주관과 고정 관념을 극복하기 위해 구상한 것이 상대주의이고, 그 이상이 실현된 것이 절대 자유의 경지인 소요유라고 할 수 있다.

|원문1| 이것과 저것의 상대성

〈제물론(齊物論)〉

物无非彼, 物无非是. 自彼則不見, 自知則知之. 故曰, 彼出於是, 是亦因彼. 彼是方生之說也, 雖然方生方死, 方死方生, 方可方不可, 方不可方可. 因是因非, 因非因是. 是以聖人不由, 而照之於天, 亦因是也. 是亦彼也, 彼亦是也, 彼亦一是非, 此亦一是非. 果且有彼是乎哉? 果且无彼是乎哉? 彼是莫得其偶, 謂之道樞. 樞始得其環中, 以應无窮, 是亦一无窮, 非亦一无窮也. 故曰, 莫若以明.

|구절 풀이|

- **물무비피, 물무비시**(物无非彼, 物无非是) : 만물은 저것 아닌 것이 없고 만물은 이것 아닌 것이 없다. 이쪽에서의 저것은 저쪽에서의 이것이 되는 상대적인 속성을 말한 것이다.

- **피시방생지설**(彼是方生之說) : 저것과 이것이라는 것은 (서로에 의해) 막 생겨난 말이다. 기존의 주석에서 '방(方)'을 '병(幷)'의 뜻으로 보아 "저것과 이것이라는 것은 함께 생겨난 말이다."라고 풀이하는데, 다음 구절인 '방생방사(方生方死)'와 연계하여 위와 같이 풀었다.

- **방생방사**(方生方死) : 막 생겨난 것이 바로 없어진다. '저것'은 이것이라고 하는 것 때문에 생기는 개념으로, 저쪽에서는 이것이 되어 바로 없어지는 것이라는 설명이다.

- **인시인비, 인비인시**(因是因非, 因非因是) : 옳다고 함을 따르다가 그르다고 함을 따르고, 그르다고 함을 따르다가 옳다고 함을 따른다. 옳고 그름이 절대성을 지니지 못하는 속성, 즉 상호 의존적으로 생겨나는 것임을 가리킨다. 因 따를 인·말미암을 인·의지할 인

- **조지어천**(照之於天) : 하늘의 이치에 비추어보다. '천(天)'은 자연의 이

치, 즉 사물 본연의 이치를 가리킨다.
- **피시막득기우**(彼是莫得其偶) : 저것과 이것이 그 짝을 얻지 못하는 것. 상대적인 한계를 초월한 상태를 가리킨다. 偶 짝 우
- **도추**(道樞) : 도의 지도리. 도의 핵심·중심·관건을 가리킨다. 樞 지도리 추
- **추시득기환중, 이응무궁**(樞始得其環中, 以應无窮) : 지도리가 처음에 고리의 한가운데를 얻으면 무궁함에 대응하게 된다. '고리의 한가운데'는 온갖 변화의 중심이기 때문에 무궁하게 대응할 수 있다는 것이다. 이 단락의 서두에서, "만물은 저것이 아닌 것이 없고 만물은 이것이 아닌 것이 없다."라고 말한 명제를 결론짓는 것으로, 이것과 저것의 분별을 초월한 경지이다.
- **시역일무궁, 비역일무궁야**(是亦一无窮, 非亦一无窮也) : 옳다고 함도 무궁함의 하나이고 그르다고 함도 무궁함의 하나이다. 시(是)와 비(非)의 상대적 속성을 알아야 양자를 포용하는 긍정적 초월이 가능하다는 설명이다.
- **막약이명**(莫若以明) : [도(道)에] 따라서 밝히는 것보다 더 좋은 것이 없다. '도에 따른다'는 것은 인위가 없는 자연의 이치를 따른다는 것이고, '밝힌다'는 것은 모든 현상에 대해 관찰한다는 것이다.

| 원문 번역 |

만물은 저것 아닌 것이 없고 만물은 이것 아닌 것이 없다. 저쪽에서는 보지 못해도 자신이[자신의 편에서] 아는 것은 안다. 그래서 말하기를, 저것은 이것에서 나오고 이것 또한 저것에서 말미암는다고 하는 것이다. 저것과 이것이라는 것은 (서로에 의해) 막 생겨난 말이나 그렇지만 막 생겨난 것이 바로 없어지고 막 없어진 것이 바로 생겨나게 되며, 막 가능했던 것이 바로 불가능하게 되고 막 불가능했던 것이 바로 가능하게 된다. 옳다고 함을 따르다가 그르다고 함을 따

르고, 그르다고 함을 따르다가 옳다고 함을 따른다. 이 때문에 성인은 (시비를) 따르지 않고 하늘의 이치에 비추어보고, 또한 이것(하늘의 이치)을 따른다. 이것도 또한 저것이고 저것도 또한 이것이니, 저것도 또한 하나의 시비이고 이것도 또한 하나의 시비이다. (그렇다면) 과연 저것과 이것은 있는 것인가? 과연 저것과 이것은 없는 것일까? 저것과 이것이 그 짝을 얻지 못하는 것을 '도의 지도리[도추(道樞)]'라고 한다. 지도리가 처음에 고리의 한가운데를 얻으면 (시비·변화 등의) 무궁함에 대응하게 되니, 옳다고 함도 무궁함의 하나이고 그다고 함도 무궁함의 하나이다. 그래서 말하기를, [도(道)에] 따라서 밝히는 것보다 더 좋은 것이 없다고 하는 것이다.

| 주제 해설 |

이것과 저것이라는 일상적인 지시어를 통해 우리 주변의 모든 현상이 상대적임을 알아 주관적인 기준에 집착하지 말 것과 도의 기준에 따를 것을 주장한 내용이다. "만물은 저것 아닌 것이 없고 만물은 이것 아닌 것이 없다."는 것은 이쪽에서의 저것은 저쪽에서의 이것이 되는, 인식의 상대적 속성을 가리킨다. 옳다고 하는 것과 그르다고 하는 것도 상호 의존적으로 생겨나는 것이다. 따라서 인식의 주체를 대상화함으로써 이것과 저것이라는 대립에서 벗어나야 객관성과 공정성을 확보할 수 있다. 그 자리가 '고리의 한가운데[환중(環中)]'로, 무한한 현상에 대응할 수 있는 곳이다. 결국 상대적이고 대립적인 현상도 도의 관점에서 보면 같은 것으로, 본질적인 차이가 존재하지 않는다는 제물론(齊物論)의 이론이다.

| 연습문제 |

一. 다음 표현의 음과 뜻을 쓰시오.

　　1) 方生之說(　　) :

　　2) 因是因非(　　) :

　　3) 莫得其偶(　　) :

二. 다음 용어에 대해 설명하시오.

　　1) 도추(道樞) :

　　2) 환중(環中) :

　　3) 이명(以明) :

三. 다음 문장을 번역하시오.

　　1) 物无非彼, 物无非是. :

　　2) 聖人不由, 而照之於天. :

　　3) 是亦一无窮, 非亦一无窮也. :

四. 위 문장과 관련된 성어(成語)를 한자로 쓰시오.(道樞, 環中)

五. '亦因是也'에서 '是'가 가리키는 글자를 찾아 쓰시오.

六. '莫若以明'에서 '莫若'의 문법적 기능을 설명하시오.

七. 위 문장의 주제를 약술하시오.

|원문2| 물고기는 미인을 싫어한다

〈제물론(齊物論)〉
民濕寢則腰疾偏死, 鰌然乎哉. 木處則惴慄恂懼, 猨猴然乎哉. 三者孰知正處. 民食芻豢, 麋鹿食薦, 蝍蛆甘帶, 鴟鴉嗜鼠. 四者孰知正味. 猨猵狙以爲雌, 麋與鹿交, 鰌與魚游. 毛嬙麗姬, 人之所美也, 魚見之深入, 鳥見之高飛, 麋鹿見之決驟. 四者孰知天下之正色哉. 自我觀之, 仁義之端, 是非之塗, 樊然殽亂, 吾惡能知其辯.

|구절 풀이|

- **편사**(偏死) : 한쪽을 못 쓰게 되는 반신불수(半身不遂)를 가리킨다. '편고(偏枯)'로도 쓴다.
- **추**(鰌) : 미꾸라지 추(鰍와 같은 자)
- **췌률순구**(惴慄恂懼) : 두려워 떨다. 惴 두려워할 췌, 恂 미쁠 순·두려워할 순
- **원**(猨) : 원숭이 원(猿과 같은 자), 猴 원숭이 후
- **추환**(芻豢) : '추(芻)'는 '꼴'이라는 뜻에서 소와 양 등 풀을 먹여 기르는 동물, 또는 그 고기를 가리키고, '환(豢)'은 '기르다'라는 뜻에서 개와 돼지 등 곡식을 먹여 기르는 동물, 또는 그 고기를 가리킨다.
- **미**(麋) : 큰 사슴 미
- **천**(薦) : 추천할 천·풀 천
- **즉저감대**(蝍蛆甘帶) : 지네는 뱀을 맛있어한다. '대(帶)'는 띠처럼 가늘고 기다랗게 생긴 동물을 일컫는데, 그 가운데 특히 뱀을 가리킨다. 蝍 지네 즉, 蛆 지네 저
- **치아기서**(鴟鴉嗜鼠) : 올빼미와 까마귀는 쥐를 좋아한다. 鴟 올빼미 치
- **편저**(猵狙) : 원숭이의 일종으로, 머리가 개와 비슷한 종류이다. 猵 수달 편·원숭이 편, 狙 원숭이 저

- **모장여희**(毛嬙麗姬) : 모장(毛嬙)과 여희(麗姬)로, 고대(古代)의 뛰어난 미인들의 이름이다. 嬙 궁녀 장
- **어견지**(魚見之) : '지(之)'는 연사로, '이(而)'의 용법이다.
- **번연효란**(樊然殽亂) : 어수선하게 뒤섞여 있다. 樊 울 번·어수선할 번, 殽 섞일 효·어지러울 효

| 원문 번역 |

사람은 습한 데에서 자면 허리병이 나서 한쪽을 못쓰게 되지만 미꾸라지도 그러한가. (사람은) 나무에 있으면 두려워 떠는데, 원숭이도 그러한가. 셋 가운데 어느 것이 올바른 거처를 아는가. 사람은 고기를 먹고 사슴은 풀을 먹으며, 지네는 뱀을 맛있어하고 올빼미와 까마귀는 쥐를 좋아한다. 넷 가운데 어느 것이 올바른 맛을 아는가. 원숭이는 편저로 짝을 삼고 순록은 사슴과 교미하며, 미꾸라지는 물고기와 함께 헤엄친다. 모장과 여희는 사람들이 아름답다고 여기는 이들이지만 물고기가 보고는 깊이 숨어들고 새가 보고는 높이 날아오르며, 순록과 사슴이 보고는 급히 달아난다. 넷 가운데 어느 것이 천하의 올바른 미모를 아는가. 내 입장에서 보건대 인의의 단서와 시비의 길은 어수선하게 뒤섞여 있으니 내가 어떻게 그 구별을 알 수 있겠는가.

| 주제 해설 |

모든 인식, 존재, 현상 등이 상대적인 것임을 논증하기 위해 거처, 기호, 미모 등의 구체적인 예를 들고 있다. 도의 관점에서 보면 각각에 적당하고 알맞은 것이 있을 뿐이다. 유가에서 높이는 인의가 보편적인 가치를 갖는가? 제자백가의 시비 논쟁이 자신들의 주관적인

표준에 따른 판단일 뿐임을 비판하기 위한 우언으로, 자신에게 맞는 것으로 표준을 삼아 상대를 비판하는 오류와 모순을 지적하고 있다.

| 연습문제 |

一. 다음 표현의 음과 뜻을 쓰시오.

　1) 惴慄(　　) :

　2) 甘帶(　　) :

　3) 樊然(　　) :

二. 다음 용어에 대해 설명하시오.

　1) 편사(偏死) :

　2) 추환(芻豢) :

　3) 모장(毛嬙) :

三. 다음 문장을 번역하시오.

　1) 鴟鴉嗜鼠. :

　2) 仁義之端, 是非之塗, 樊然殽亂. :

　3) 吾惡能知其辯. :

四. 위 문장과 관련된 성어(成語)를 한자로 쓰시오.(相對主義)

五. '猨猵狙以爲雌'의 문장 구조를 설명하시오.

六. 위 문장의 주제를 약술하시오.

| 원문 3 | 요임금과 걸왕 모두 자신을 옳다 하고
           상대를 그르다고 했다

〈추수(秋水)〉
以道觀之, 物无貴賤, 以物觀之, 自貴而相賤, 以俗觀之, 貴賤不在己. 以差觀之. 因其所大而大之, 則萬物莫不大, 因其所小而小之, 則萬物莫不小, 知天地之爲稊米也, 知豪末之爲丘山也, 則差數覩矣. 以功觀之, 因其所有而有之, 則萬物莫不有, 因其所無而無之, 則萬物莫不無, 知東西之相反而不可以相無, 則功分定矣. 以趣觀之, 因其所然而然之, 則萬物莫不然, 因其所非而非之. 則萬物莫不非, 知堯桀之自然而相非, 則趣操覩矣.

| 구절 풀이 |
- **제미**(稊米) : 피의 일종인 돌피이다.
- **호말**(豪末) : 털끝이다. '호(豪)'는 '호(毫)'와 통하여 '터럭'의 뜻이다.
- **차수**(差數) : 차별의 이치. '수(數)'는 '리(理)'의 뜻으로 '이치'이다.
- **공분**(功分) : 직분, 즉 역할이다.

| 원문 번역 |

도의 입장에서 본다면 만물에는 귀천의 차별이 없고, 만물의 입장에서 본다면 스스로를 귀하게 여기고 상대를 천하게 여기며, 세속의 입장에서 보면 귀천은 자기에게 달려 있는 것이 아니다. 차이의 입장에서 보아 자기가 크다고 여기는 것에 따라 크다고 한다면 만물

은 크지 않은 것이 없고, 자기가 작다고 여기는 것에 따라 작다고 한다면 만물은 작지 않은 것이 없다. 천지도 돌피가 됨을 알고 털끝도 산이나 언덕이 됨을 안다면 차별의 이치가 보이게 된다. 역할의 입장에서 보아 자기가 있다고 여기는 것에 따라 있다고 한다면 만물은 있지 않은 것이 없고, 자기가 없다고 여기는 것에 따라 없다고 한다면 만물은 없지 않은 것이 없다. 동쪽과 서쪽은 상반되지만 서로 없어서는 안 되는 것임을 알면 역할의 분량이 정해지게 된다. 취향의 입장에서 보아 자기가 옳다고 여기는 것에 따라 옳다고 한다면 만물은 옳지 않은 것이 없고, 자기가 그르다고 여기는 것에 따라 그르다고 한다면 만물은 그르지 않은 것이 없다. 요임금과 걸왕이 자신을 옳다고 여기고 상대를 그르다고 여겼음을 안다면 취향과 지조가 보이게 된다.

| 주제 해설 |

귀천, 대소, 유무, 동서, 시비 등의 가치판단을 비유로 들어 상대주의관을 제시한 우언이다. 즉 아무리 큰 것이라도 그보다 더 큰 것이 있고 아무리 작은 것이라도 그보다 더 작은 것이 있다. 크고 작은 것, 오래 살고 일찍 죽는 것, 귀하고 천한 것, 옳고 그른 것 등이 모두 보는 관점에 따른 차이일 뿐이지 고정된 기준이 있는 것이 아니라는 것이다. 여기에서 각각의 다름을 인정하고 주관적 판단을 초월하는 지혜가 나온다.

| 연습문제 |

一. 다음 표현의 음과 뜻을 쓰시오.

　　1) 自貴(　　　) :

　　2) 功分(　　　) :

　　3) 趣操(　　　) :

二. 다음 용어에 대해 설명하시오.

　　1) 제미(稊米) :

　　2) 호말(豪末) :

　　3) 차수(差數) :

三. 다음 문장을 번역하시오.

　　1) 以物觀之, 自貴而相賤. :

　　2) 因其所大而大之, 則萬物莫不大. :

　　3) 自然而相非. :

四. '自貴而相賤'에서 '相'의 문법적 기능을 설명하시오.

五. 위 문장의 주제를 약술하시오.

| 제8강 |

장자의 인생관[3] :
명성과 부귀의 초월

1. 명성과 부귀의 본질

사람들은 대개 현생에서 명성을 누리기를 바라는 명예욕과, 그에 못지않게 사후에 이름을 남기기를 바라는 욕망을 가지고 있다. 특히 유가에서는 살아서 공을 이루고 죽은 뒤에는 후생들에게 혜택을 남기는 명예를 중시하였다. 『좌전』에서, "최고로는 입덕(立德)이 있고 그 다음으로 입공(立功)이 있으며, 그 다음으로 입언(立言)이 있다. 비록 오래되어도 없어지지 않으니, 이것을 불후(不朽)라고 한다.(大上有立德, 其次有立功, 其次有立言. 雖久不廢, 此之謂不朽.)"『좌전·양공(襄公)·24년』라고 하였듯이 덕행을 쌓는 일[입덕(立德)], 공적을 이루는 일[입공(立功)], 훌륭한 글을 남기는 일[입언(立言)]을 '세 가지의 영원한 것[삼불후(三不朽)]'이라고 권장하였다. 이렇듯이 유가에서는 후세에 좋은 이름을 남기는 것을 영광으로 알고 그것을 중시하였다.

반면 도가에서는 이름이 나는 것은 물론, 의식적인 선행에 대해

서도 부정적이다. 선행의 의도는 어쨌든 작위적이고 사욕이 개재된 것이기 때문이다. 『노자·27장』에서, "착한 행위는 흔적이 없다.(善行, 無轍迹.)"라 하였고, 장자는 다음에 보이듯이, 선을 실천하더라도 이름이 나지 않도록 할 것이니 그것이 자신을 보존하고 천수를 다하는 방법이라고 하였다.

> 좋은 일을 하더라도 명성에 가까워지게 하지 말고, 나쁜 일을 하더라도 형벌에 가까워지게 하지 마라. 중도(中道)를 따르는 것으로 법을 삼으면 몸을 보존할 수 있고 생명을 온전히 할 수 있으며, 어버이를 섬길 수 있고 천수를 다할 수 있다.
> 爲善无近名, 爲惡无近刑. 緣督以爲經, 可以保身, 可以全生, 可以養親, 可以盡年.)" 『장자·양생주(養生主)』

이름이 알려지고 남에게 존경받는 것은 기분 좋은 일이다. 나아가 유한한 생명을 지닌 인간에게 무한함을 가능케 하는 한 가지 방법일 수도 있으니, 보통 사람으로서 그 바람은 당연한 것일지도 모른다. 그러나 성실히 살아간 삶의 결과로 생전에는 존경을 받고 사후에는 후인들에게 은택을 남기는 자연스러움보다는 이름을 남기기 위한 욕심이 사람들에게 위선을 강요하는 경우가 더 많다. 노자와 장자는 이 점을 경계한 것이다.

|원문1| 나는 천하를 가지고 할 것이 없다

〈소요유(逍遙遊)〉

堯讓天下於許由曰. 日月出矣, 而爝火不息, 其於光也, 不亦難乎. 時雨降矣, 而猶浸灌, 其於澤也, 不亦勞乎. 夫子立, 而天下治, 而我猶尸之, 吾自視缺然. 請致天下. 許由曰. 子治天下, 天下旣已治也, 而我猶代子, 吾將爲名乎. 名者, 實之賓也, 吾將爲賓乎. 鷦鷯巢於深林, 不過一枝, 偃鼠飮河, 不過滿腹. 歸休乎君. 予无所用天下爲. 庖人, 雖不治庖, 尸祝不越樽俎而代之矣.

|구절 풀이|

- **허유**(許由) : 요임금 시기에 기산(箕山)에 은거하였다는 은사이다.
- **작화**(爝火) : 햇불이다. 爝 햇불 작
- **이유침관**(而猶浸灌) : 그런데도 여전히 물을 대다. 浸 잠길 침·물댈 침, 灌 물댈 관·따를 관
- **이천하치**(而天下治) : 천하가 다스려질 텐데. '이(而)'는 연사로, '즉(則)'의 용법이다.
- **아유시지**(我猶尸之) : 내가 여전히 그것을 주관하고 있다. 尸 주검 시·시동 시·주관할 시
- **자시결연**(自視缺然) : 나 스스로 보기에 부족하다. 缺 이지러질 결·모자랄 결
- **초료소어심림**(鷦鷯巢於深林) : 뱁새가 깊은 숲속에 둥지를 틀다. 鷦 뱁새 초, 鷯 뱁새 료
- **언서음하**(偃鼠飮河) : 두더지가 황하의 물을 마시다. 偃 쓰러질 언·누울 언·두더지 언(鼴과 통용)
- **시축**(尸祝) : '시(尸)'는 '주(主)'의 뜻이니, 시축(尸祝)은 축문을 주관하는 제관(祭官)을 가리킨다. '시(尸)'를 시동(尸童)으로 보아, 시동과 축관으로 해석하기도 한다.
- **준조**(樽俎) : 술 단지와 도마. 제수를 담는 제기를 일컫는다.

| 원문 번역 |

요임금이 허유에게 천하를 양보하면서 말했다. "해와 달이 나왔는데도 햇불이 꺼지지 않고 있다면 그것이 빛이 되기에 또한 어렵지 않겠습니까. 제때의 비가 내리는데도 여전히 물을 대고 있다면 그것이 땅을 적시는 데에 또한 수고롭지 않겠습니까. 그대가 (천자의 자리에) 선다면 천하가 다스려질 텐데 내가 여전히 그것을 주관하고 있으니 나 스스로 보기에 부족합니다. 천하를 바치겠습니다." 허유가 대답하였다. "그대가 천하를 다스려 천하가 이미 다스려졌는데 그런데도 내가 그대를 대신한다면 나는 아마 명성을 추구하는 것이 될 것입니다. 명성이란 것은 실재의 객[허상(虛像)]이니 나는 아마 객을 추구하는 것이 될 것입니다. 뱁새가 깊은 숲속에 둥지를 틀어도 나뭇가지 하나에 지나지 않고 두더지가 황하의 물을 마셔도 배를 채우는 데에 지나지 않습니다. 돌아가 쉬시오. 그대여. 나는 천하를 가지고 할 것이 없습니다. 요리사가 비록 주방을 잘 다스리지 못하더라도 제관이 제기를 넘어가서 그를 대신하지는 않습니다."

| 주제 해설 |

요임금이 허유에게 천자의 지위를 양보하려고 하자 허유는 뱁새와 두더지의 비유를 들어 현실의 구속을 초월하여 자득해야 하는 이치를 설명하고 있다. 명성을 허상으로 여기는 지인(至人)의 안분지족(安分知足)을 강조하면서 사람마다 맡은 직분이 있으니 그것에 충실할 것으로 선양의 부탁을 거절한 것이다.

| 연습문제 |

一. 다음 표현의 음과 뜻을 쓰시오.

　　1) 爝火(　　) :

　　2) 浸灌(　　) :

　　3) 樽俎(　　) :

二. 다음 용어에 대해 설명하시오.

　　1) 초료(鷦鷯) :

　　2) 언서(偃鼠) :

　　3) 시축(尸祝) :

三. 다음 문장을 번역하시오.

　　1) 我猶尸之, 吾自視缺然. :

　　2) 名者, 實之賓也. :

　　3) 予无所用天下爲. :

四. 위 문장과 관련된 성어(成語)를 한자로 쓰시오.(越俎庖代)

五. '我猶尸之'에서 '之'가 가리키는 부분을 찾아 쓰시오.

六. '歸休乎君'의 문장 구조를 설명하시오.

七. 위 문장의 주제를 약술하시오.

|원문 2| 벼슬길과 희생 소

〈열어구(列御寇)〉
或聘於莊子, 莊子應其使曰. 子見夫犧牛乎. 衣以文繡, 食以芻叔,
及其牽而入於大廟, 雖欲爲孤犢, 其可得乎.

|구절 풀이|

- **혹빙어장자**(或聘於莊子) : 어떤 군주가 장자를 초빙하다. 聘 찾아갈 빙·초빙할 빙
- **희우**(犧牛) : 제사에 쓰이는 순색의 소이다. 犧 희생 희
- **사이추숙**(食以芻叔) : 꼴과 콩을 먹이다. 食 먹을 식·먹일 사, 芻 꼴 추, 叔 숙부 숙·콩 숙(菽과 통용)
- **기가득호**(其可得乎) : 어찌 가능하겠소. '기(其)'는 '기(豈)'와 통하여 '어찌'의 뜻이다.

|원문 번역|

어떤 군주가 장자를 초빙하니 장자가 그 사자에게 말했다. "그대는 저 희생(犧牲) 소를 보았겠지요. 무늬가 있고 수를 놓은 옷을 입히고 꼴과 콩을 먹이지만, 끌려서 태묘(太廟)에 들어가게 되었을 때 비록 한 마리 송아지가 되고 싶다한들 어찌 가능하겠소."

|주제 해설|

혼란한 세상에서 현실참여에 부정적인 장자의 정치관을 보여 주는 일화이다.

| 연습문제 |

一. 다음 표현의 음과 뜻을 쓰시오.

1) 文繡(   ) :

2) 孤犢(   ) :

二. 다음 용어에 대해 설명하시오.

1) 희우(犧牛) :

2) 추숙(芻叔) :

三. 다음 문장을 번역하시오.

1) 牽而入於大廟. :

2) 雖欲爲孤犢, 其可得乎. :

四. '聘於莊子'에서 '於'의 문법적 기능을 설명하시오.

五. 위 문장의 주제를 약술하시오.

| 원문 3 | 진흙 속에서 꼬리를 끌고자 했던 거북

〈추수(秋水)〉

莊子釣於濮水, 楚王使大夫二人往先焉. 曰願以境內累矣. 莊子持竿不顧, 曰吾聞楚有神龜, 死已三千歲矣, 王以巾笥而藏之廟堂之上. 此龜者, 寧其死爲留骨而貴乎? 寧其生而曳尾於塗中乎? 二大夫, 曰寧生而曳尾塗中. 莊子, 曰往矣! 吾將曳尾於塗中.

구절 풀이

- **조어복수**(釣於濮水) : 복수(濮水)에서 낚시질을 하다. 복수는 지금의 하남성(河南城) 범현(范縣)에 있는 강 이름이다.
- **초왕**(楚王) : 초(楚) 위왕(威王)이다.
- **건사**(巾笥) : 보에 싸고 상자에 넣다. 笥 상자 사

원문 번역

장자가 복수(濮水)에서 낚시질을 하는데 초나라 왕이 대부(大夫) 두 사람을 보내 먼저 만나 말을 전하게 하였다. "바라건대 나라 일로 번거로움을 끼치고자 합니다." 장자는 낚싯대를 잡은 채 돌아보지도 않고 말했다. "내가 듣기에 초나라에 신령스런 거북이 있는데, 죽은 지 이미 삼천 년이 되었어도 왕이 보(褓)로 싸고 상자에 넣어 종묘의 높은 곳에 간직하고 있다고 했소. 이 거북이가 차라리 죽어서 뼈만 남아 귀해지고자 하겠소, 차라리 살아서 진흙 속에서 꼬리를 끌고자 하겠소." 두 대부가 대답하였다. "차라리 살아서 진흙 속에서 꼬리를 끌고자 하겠지요." 장자가 말했다. "가시오. 나는 장차 진흙 속에서 꼬리를 끌겠소."

| 주제 해설 |

장자의 정치관을 대변하는 유명한 일화이다. 혼란한 세상에서 부귀영화를 탐하다가 생명이 위태로워지는 이들을 많이 보아온 장자는 여기에서 명철보신(明哲保身)의 지혜와 현실정치에 대한 혐오를 보이고 있다.

| 연습문제 |

一. 다음 표현의 음과 뜻을 쓰시오.

　　1) 巾笥(　　) :

　　2) 曳尾(　　) :

　　3) 塗中(　　) :

二. 다음 용어에 대해 설명하시오.

　　1) 묘당(廟堂) :

　　2) 경내(境內) :

　　3) 영기(寧其) :

三. 다음 문장을 번역하시오.

　　1) 願以境內累矣. :

　　2) 寧其死爲留骨而貴乎. :

四. 위 문장과 관련된 성어(成語)를 한자로 쓰시오.(曳尾塗中)

五. '死已三千歲矣'에서 '矣'의 문법적 기능을 설명하시오.

六. 위 문장의 주제를 약술하시오.

2. 명성과 부귀 추구의 문제점

장자는 명예를 위하여 본성을 해치고 몸을 희생시키는 사람들에 대해, 〈변무(騈拇)〉편에서 다음과 같이 비판하였다.

> (하·은·주) 삼대 이후로 천하에는 (부귀, 명예 등) 외적인 것과 자신의 목숨을 바꾸지 않은 이가 없었다. 백성은 이익을 위해 자신을 희생시키고 선비는 명예를 위해 자신을 희생시키며, 대부는 가문을 위해 자신을 희생시키고 성인은 천하를 위해 자신을 희생시킨다. 그러므로 이들은 한 일도 다르고 명성도 다르지만, 그들이 목숨을 해치면서 몸을 바친 점에서는 마찬가지이다.
> 自三代以下者, 天下莫不以物易其性矣. 小人則以身殉利, 士則以身殉名, 大夫則以身殉家, 聖人則以身殉天下. 故此數子者, 事業不同, 名聲異號, 其於傷性以身爲殉, 一也.)"

따라서 장자는 〈양왕(讓王)〉편에서 "봄에 밭 갈고 씨를 뿌리니 형체를 힘쓸 만하고, 가을에 거둬들이니 몸을 쉬고 먹고 살 만하다.(春耕種, 形足以勞動. 秋收斂, 身足以休食.)"라고 하여 곤궁과 영달에 대한 집착에서 벗어나 안분지족할 것을 가르쳐 주었다. 그런 이들의 마음가짐은 다음과 같다고 하였다.

> 도를 터득했던 옛사람들은 곤궁해서도 즐거워하고 영달해서도 즐거워했으니 즐거워한 것은 곤궁과 영달이 아니었다. 도가 나에게 터득

되었으니 곤궁과 영달은 추위와 더위, 바람과 비의 순서(와 같은 것)일 따름이었다.

古之得道者, 窮亦樂, 通亦樂, 所樂非窮通也. 道德於此, 則窮通爲寒暑風雨之序矣.)『장자·양왕(襄王)』

이른바 뜻을 얻었다고 하는 옛사람들은 … 높은 벼슬에 있다고 뜻을 제멋대로 하지 않고 곤궁하다고 세속을 따르지 않았다.

古之所謂得志者, … 不爲軒冕肆志, 不爲窮約趨俗.)『장자·선성(繕性)』

뜻을 얻은 사람들은 생존의 의미를 도의 터득에 두었기 때문에 곤궁과 영달이 마음가짐이나 행동방식에 영향을 주지 않는다는 것이다. 이런 마음가짐에서 명성과 부귀에 대한 집착에서 벗어나 자유와 여유를 누릴 수 있고 세속의 다양한 위험을 비껴갈 수 있었다고 가르친 것이다.

|원문1| 치질을 핥아 주고서 받은 수레

〈열어구(列御寇)〉
宋人有曹商者, 爲宋王使秦. 其往也, 得車數乘, 王說之, 益車百乘. 反於宋, 見莊子曰. 夫處窮閭阨巷, 困窘織屨, 槁項黃馘者, 商之所短也, 一悟萬乘之主, 而從車百乘者, 商之所長也. 莊子曰. 秦王有病召醫, 破癰潰痤者, 得車一乘, 舐痔者, 得車五乘. 所治愈下, 得車愈多, 子豈治其痔邪? 何得車之多也? 子行矣.

|구절 풀이|

- **궁려애항**(窮閭阨巷) : 궁벽한 마을의 좁은 골목. 阨 길 험할 애·비좁을 애(隘와 같은 자)·막힐 액·고난 액
- **곤군직구, 고항황혁**(困窘織屨, 槁項黃馘) : 곤궁하게 짚신이나 삼고 여윈 목덜미에 누렇게 뜬 얼굴이다. 窘 막힐 군, 屨 신 구, 項 목 항, 馘 귀 벨 괵·낯 혁
- **파옹궤좌**(破癰潰痤) : 종기를 터뜨려주다. 癰 악창 옹, 潰 무너질 궤·무너뜨릴 궤, 痤 부스럼 좌·종기 좌
- **지치**(舐痔) : 치질을 핥다. 舐 핥을 지, 痔 치질 치

|원문 번역|

송나라 사람 중에 조상(曹商)이라는 자가 있었는데 송나라 임금을 위하여 진(秦)나라에 사신으로 갔다. 그가 갈 때에는 수레 몇 대를 얻었었는데 (진나라) 임금이 그를 좋아하여 수레 백 대를 더 주었다. 송나라로 돌아오는 길에 장자를 만나서 말했다. "궁벽한 마을의 좁

은 골목에 살면서 곤궁하게 짚신이나 삼고 여윈 목덜미에 누렇게 뜬 얼굴로 지낸 것은 나의 부족했던 점이었지만, 한 번에 만승(萬乘)의 임금을 깨우쳐서 따르는 수레가 백 대나 되는 것은 나의 뛰어난 점이지요." 장자가 말했다. "진나라 임금이 병이 나서 의원을 불렀는데, 종기를 터뜨려 준 자는 수레 한 대를 받았고 치질을 핥아 준 자는 수레 다섯 대를 받았다고 하오. 치료하는 곳이 낮을수록 수레를 받은 것이 더욱 많았다니, 그대는 혹시 치질을 고쳐줬는지요? 어떻게 수레를 받은 것이 그렇게 많았는지요? 그대여 가시오."

| 주제 해설 |

아첨과 비굴로 부귀영달을 얻는 당시 세태를 풍자한 우언이다. 이후 용어가 '연옹지치(吮癰舐痔)'로 바뀌어 권력에 아부하는 행위의 대명사가 되었다.

| 연습문제 |

一. 다음 표현의 음과 뜻을 쓰시오.

　　1) 槁項(　　) :

　　2) 黃馘(　　) :

　　3) 潰痤(　　) :

二. 다음 용어에 대해 설명하시오.

　　1) 애항(阨巷) :

　　2) 곤군(困窘) :

　　3) 지치(舐痔) :

三. 다음 문장을 번역하시오.

　　1) 從車百乘者, 商之所長也. :

　　2) 所治愈下, 得車愈多. :

　　3) 子豈治其痔邪. :

四. 위 문장과 관련된 성어(成語)를 한자로 쓰시오.(吮癰舐痔)

五. '何得車之多也'에서 '之'의 문법적 기능을 설명하시오.

六. 위 문장의 주제를 약술하시오.

| 원문 2 | 썩은 쥐를 차지한 올빼미

〈추수(秋水)〉

惠子相梁, 莊子往見之. 或謂惠子曰. 莊子來, 欲代子相. 於是惠子恐, 搜於國中三日三夜. 莊子往見之曰. 南方有鳥, 其名爲鵷鶵. 子知之乎? 夫鵷鶵, 發於南海, 而飛於北海, 非梧桐不止, 非練實不食, 非醴泉不飮. 於是鴟得腐鼠, 鵷鶵過之, 仰而視之曰嚇. 今子欲以子之梁國而嚇我邪.

| 구절 풀이 |

- **혜자**(惠子) : 전국시대 송(宋)나라 사람인 혜시(惠施)로, 명가(名家)의 대표적 인물이다. 위(魏) 양혜왕(梁惠王)의 재상을 지냈다.
- **원추**(鵷鶵) : 봉황의 일종이다. 鵷 원추 원, 鶵 원추 추
- **연실**(練實) : 대나무 열매이다. 색깔이 흰 데에서 붙여진 이름이다.
- **예천**(醴泉) : 맛이 좋은 샘물이다. 醴 단술 례
- **치득부서, 원추과지, 앙이시지왈혁**. (鴟得腐鼠, 鵷鶵過之, 仰而視之曰嚇.) : 올빼미가 썩은 쥐를 얻었는데, 원추가 지나가자 올려다보면서 꽥하고 소리를 질렀다. 鴟 솔개 치·올빼미 치, 嚇 성낼 혁·성내어 꾸짖는 소리 혁·웃음소리 하

| 원문 번역 |

혜시가 양나라[위(魏)나라]에서 재상을 지내는데 장자가 그를 만나러 갔다. 어떤 이가 혜시에게 말했다. "장자가 오는 것은 그대의 재상 자리를 대신 차지하려는 것입니다." 이에 혜시는 두려워서 사흘 밤

낮 동안 도성 안을 수색하였다. 장자가 가서 그를 만나 말했다. "남쪽에 새가 있는데, 그 이름이 '원추(鵷鶵)'이다. 그대는 그것을 아는가? 저 원추는 남해를 출발하여 북해로 날아가는데, 오동나무가 아니면 머무르지 않고 대나무 열매가 아니면 먹지 않으며, 예천의 샘물이 아니면 마시지 않는다네. 이 때에 올빼미가 썩은 쥐를 얻었는데, 원추가 지나가자 올려다보면서 꽥하고 소리를 질렀다네. 지금 그대는 그대가 벼슬하는 양나라를 가지고 나에게 꽥하고 소리를 지르려고 하는가."

| 주제 해설 |

현실 정치에 초연한 장자의 마음가짐을 보여주는 우언이다. 자신을 고결함의 상징인 원추에, 혜시를 소인배의 상징인 올빼미에 비유함으로써 세속을 초탈한 자신을 세속적인 눈으로 판단한 혜시의 단견에 일침을 가하고 있다. 나아가 벼슬에 탐닉하는 자들에 대한 멸시를 드러내고 있다.

| 연습문제 |

一. 다음 표현의 음과 뜻을 쓰시오.

　　1) 欲代子相(　　　) :

　　2) 搜於國中(　　　) :

　　3) 發於南海(　　　) :

二. 다음 용어에 대해 설명하시오.

　　1) 원추(鵷鶵) :

　　2) 연실(練實) :

　　3) 예천(醴泉) :

三. 다음 문장을 번역하시오.

　　1) 莊子往見之. :

　　3) 其名爲鵷鶵. :

　　2) 以子之梁國而嚇我邪. :

四. 위 문장과 관련된 성어(成語)를 한자로 쓰시오.(鴟嚇)

五. '仰而視之'에서 '之'가 가리키는 단어를 찾아 쓰시오.

六. '惠子相梁'에서 '相'의 용법을 설명하시오.

七. 위 문장의 주제를 약술하시오.

| 제9강 |

장자의 생사관[1] :
생사여일生死如一

1. 생사의 본질

생사의 문제는 역대로 철학과 문학의 영역에서 진지한 주제가 되어 왔다. 이에 대한 고찰은 사람들로 하여금 현재의 삶을 직시하고 재조명케 하여 자기 수양과 학문 탐구, 문학 창작의 원동력으로 작용하였다. 생사의 본질에 대한 탐구로서 먼저 육체[形]와 정신[神]과의 관계가 논제로 제기되었다. 『관자(管子)·내업(內業)』에서 처음으로 육체와 정신의 문제를 다루었는데, "모든 사람의 생명은 하늘이 그 정신을 내고 땅이 그 육체를 내었으니, 이 두 가지가 합해져 사람이 되었다.(凡人之生, 天出其精, 地出其形, 合此以爲人.)"라고 하여 사람을 정신과 육체로 이루어진 존재로 보는 음양학적 2원론을 제시하였다. 순자(荀子)는 『순자·천론(天論)』에서, "육체가 갖추어지고 정신이 생겨났다.(形具而神生.)"고 하여 육체가 먼저이고 정신이 다음이라는 '형선신후관(形先神後觀)'을 피력하였다. 장자는 순자의 '형선신

후관'과는 반대로 정신과 육체는 생명을 이루는 기본 요소임을 인정하면서도 육체보다 정신을 앞세우는 주장을 제시하였다. 『장자·지북유(知北遊)』편에서, "정신은 도에서 나오고 육체는 정신에서 나오며 만물은 육체를 가지고 상생한다.(精神生於道, 形本生於精, 而萬物以形相生.)"라고 하여 정신에서 육체가 나왔다고 하였다. 이 주장을 뒷받침하는 우언이 『장자·덕충부(德充符)』에 다음과 같이 소개되어 있다.

> 공자가 말했다. "제가 일찍이 초나라에 사신으로 갔다가 마침 새끼 돼지들이 죽은 어미의 젖을 빠는 것을 보았는데, 조금 있다가 놀라며 모두 어미를 버리고 달아났습니다. 자기들을 보지 않고 다른 모양이 되었기 때문입니다. (새끼 돼지들이) 그 어미를 사랑한 것은 그 몸을 사랑한 것이 아니고 그 몸을 움직이게 하는 것[정신]을 사랑한 것입니다."
> 仲尼曰. 丘也嘗使於楚矣, 適見㹠子*食於其死母者, 少焉眴若*, 皆棄之而走. 不見己焉爾, 不得類焉爾. 所愛其母者, 非愛其形也, 愛使其形者也.

새끼 돼지와 죽은 어미 돼지의 우언을 통해, 정신의 활동이 생명체의 존재 가치임을 역설한 내용이다. 노(魯)나라에 애태타(哀駘它)라고 하는 추남이 있었는데 그를 추종하는 사람들이 많았다. 애공(哀公)이 공자에게 그 이유를 묻자, 새끼 돼지의 비유를 들어 대답한 우언이다. 애태타는 자기를 내세우지 않고 남들과 잘 화합하는 덕성을

---

*돈자(㹠子) : 새끼 돼지. '㹠'은 '豚'과 같은 자이다.
*순약(眴若) : 놀라다. 眴 눈이 어질어질할 현, 놀라는 모습 순

지녔기 때문에 추남인데도 사람들이 그를 좋아한다는 것이다. 사람들이 추종하는 이유는 외모나 형체가 아닌 정신에 있다는 주장이다.

|원문1| 여희의 후회

> 〈제물론(齊物論)〉
> 予惡乎知說生之非惑邪, 予惡乎知惡死之非弱喪而不知歸者邪. 麗之姬, 艾封人之子也. 晉國之始得之也, 涕泣沾襟, 及其至於王所, 與王同筐牀, 食芻豢而後, 悔其泣也. 予惡乎知夫死者, 不悔其始之蘄生乎.

|구절풀이|

- **여오호지오사지비약상이부지귀자야**(予惡乎知惡死之非弱喪而不知歸者邪) : 나는 어찌 죽음을 싫어하는 것이 어려서 고향을 잃고 돌아갈 줄을 모르는 자가 아니라고 알겠는가. 죽음을 원래 왔던 곳으로 돌아가는 것으로 보는 장자의 생사관이다.
- **여지희**(麗之姬) : 진(晉) 헌공(獻公)이 괵(虢)을 치고 얻은 애(艾) 지방의 미인인 여희(麗姬)이다.
- **체읍첨금**(涕泣沾襟) : 눈물을 흘리면서 옷깃을 적시다. 涕 눈물 체·울 체, 沾 젖을 첨·적실 첨, 襟 옷깃 금
- **여왕동광상**(與王同筐牀) : 왕과 네모진 침상을 함께하다. '광(筐)'은 '광(匡)'과 통하여 '네모지다'의 뜻이다.
- **추환**(芻豢) : '추(芻)'는 '꼴'이라는 뜻에서 소와 양 등 풀을 먹여 기르는

동물, 또는 그 고기를 가리키고, '환(豢)'은 '기르다'라는 뜻에서 개와 돼지 등 곡식을 먹여 기르는 동물, 또는 그 고기를 가리킨다.
- **회기읍야**(悔其泣也) : 자신이 울었던 것을 뉘우쳤다. 죽은 뒤에 삶에 집착했던 것을 후회한다는 비유로, 삶에 집착하고 죽음을 두려워하는 일반인의 어리석음을 깨우치기 위한 설정이다.
- **기시지기생**(其始之蘄生) : 그들이 전에 삶을 바랐던 것. 蘄 재갈 기·바랄 기

|원문 번역|

나는 어찌 삶을 좋아하는 것이 '미혹'이 아니라고 알겠으며, 나는 어찌 죽음을 싫어하는 것이 어려서 고향을 잃고 돌아갈 줄을 모르는 자가 아니라고 알겠는가. 여희(麗姬)는 애(艾) 지방 국경 관리인의 딸이었다. 진(晉)나라가 처음에 그녀를 데려왔을 때에는 눈물을 흘리면서 옷깃을 적셨지만, 그녀가 왕의 궁전에 이르러 왕과 네모진 침상을 함께하고 고기를 먹게 된 이후로는 자신이 울었던 것을 뉘우쳤다. 나는 어찌 죽은 자가 그들이 전에 삶을 바랐던 것을 뉘우치지 않으리라고 알겠는가.

|주제 해설|

여희의 비유를 들어, 죽음을 싫어하고 피하던 사람들이 죽어서는 그것이 어리석은 짓이었음을 후회할 것이라고 말하고 있다. 생사에 집착하는 자들의 어리석음을 지적하면서 삶과 죽음에 대한 달관의 경지를 제시하고 있다.

| 연습문제 |

一. 다음 표현의 음과 뜻을 쓰시오.

　　1) 惡乎(　　) :

　　2) 說生(　　) :

　　3) 弱喪(　　) :

二. 다음 용어에 대해 설명하시오.

　　1) 봉인(封人) :

　　2) 광상(筐牀) :

　　3) 추환(芻豢) :

三. 다음 문장을 번역하시오.

　　1) 與王同筐牀, 食芻豢而後, 悔其泣也. :

　　2) 予惡乎知夫死者, 不悔其始之蘄生乎. :

四. 위 문장과 관련된 성어(成語)를 한자로 쓰시오.(弱喪)

五. '晉國之始得之也'에서 '得之'의 '之'가 가리키는 단어를 찾아 쓰시오.

六. '說生之非惑'에서 '之'의 문법적 기능을 설명하시오.

七. 위 문장의 주제를 약술하시오.

| 원문 2 | 현상과 꿈

〈제물론(齊物論)〉

夢飮酒者, 旦而哭泣, 夢哭泣者, 旦而田獵. 方其夢也, 不知其夢也, 夢之中又占其夢焉. 覺而後知其夢也. 且有大覺而後, 知此其大夢也, 而愚者自以爲覺, 竊竊然知之, 君乎牧乎, 固哉. 丘也與女, 皆夢也. 予謂女夢, 亦夢也. 是其言也, 其名爲弔詭. 萬世之後, 而一遇大聖, 知其解者, 是旦暮遇之也.

| 구절풀이 |

- **대각**(大覺) : 죽지 않고도 현실이 꿈일 수 있음을 깨닫는 것을 가리킨다.
- **절절연**(竊竊然) : 작은 재주를 자랑하는 모습이다.
- **군호목호**(君乎牧乎) : 군주니 목동이니 하다. 귀천을 가르는 것을 가리킨다.
- **여위여몽, 역몽야.** (予謂女夢, 亦夢也.) : 내가 그대에게 꿈에 대해 말하는 것도 또한 꿈이다. 현상이 꿈임을 깨달은 자의 단정이다.
- **적궤**(弔詭) : 지극히 이상한 것. 보통사람들은 '지극히 이상한 것'이라고 하면서 이해하지 못한다는 뜻이다. '적(弔)'은 '지(至)'의 뜻이다. 弔 조문할 조·지극할 적
- **지기해자**(知其解者) : 그 풀이를 알게 된다면. '자(者)'는 가정의 연사(連詞)로, '즉(則)'의 용법이다.
- **시단모우지야**(是旦暮遇之也) : 이는 아침저녁으로 만난 것이다. 성인을 만나 이런 도리를 알게 된다면 만 대(萬代)도 하루로 여길 만큼 짧은 시간이 되는 것으로, 그 이치를 아는 사람을 만나기가 쉽지 않음을 강조한 표현이다.

|원문 번역|

꿈에 술을 마시던 자가 아침이 되어 소리내어 울기도 하고, 꿈에 소리내어 울던 자가 아침이 되어 사냥을 나가기도 한다. 한참 그가 꿈을 꿀 때에는 그것이 꿈인지 모르고 꿈속에서 또 그 꿈을 해몽하기도 한다. 깨고 나서야 그것이 꿈이었음을 안다. 또 큰 깨어남이 있고 난 뒤에야 그것이 크게 꾼 꿈임을 아는데, 어리석은 자들은 스스로 깨어 있다고 여겨 으스대며 아는 체하여 군주니 목동이니 하니 고루하도다. 공자(孔子)도 그대도 모두 꿈을 꾸고 있는 것이다. 내가 그대에게 꿈에 대해 말하는 것도 또한 꿈이다. 이것이 그런 말이니 그 이름을 '지극히 이상한 것'이라고 한다. 만 대를 지난 뒤에라도 한 번 큰 성인을 만나 그 풀이를 알게 된다면 이는 아침저녁으로 만난 것이다.

|주제 해설|

꿈에 대한 비유는 삶과 죽음의 문제를 다룬 것으로, 유명한 호접몽(胡蝶夢)의 우언과 맥을 같이한다. 삶 가운데의 현상은 참이 아닐 수도 있다. 장자가 꿈을 비유로 들어 현상에 집착하는 어리석음에서 벗어나는 길이 바로 큰 깨달음임을 강조한 우언으로 삶과 죽음에 대한 집착의 초월을 통한 제물(齊物)을 깨우치기 위한 가르침이다. 마지막 문장의 "내가 그대에게 꿈에 대해 말하는 것도 또한 꿈이다."라는 말은 현상이 꿈임을 깨닫는 '큰 깨달음[대각(大覺)]'을 비유한 것이다.

|연습문제|

一. 다음 표현의 음과 뜻을 쓰시오.

　　1) 哭泣(　　) :

　　2) 竊竊然(　　　) :

　　3) 旦暮(　　) :

二. 다음 용어에 대해 설명하시오.

　　1) 전렵(田獵) :

　　2) 대각(大覺) :

　　3) 적궤(弔詭) :

三. 다음 문장을 번역하시오.

　　1) 有大覺而後, 知此其大夢也. :

　　2) 君乎牧乎, 固哉. :

　　3) 予謂女夢, 亦夢也. :

四. 위 문장과 관련된 성어(成語)를 한자로 쓰시오.(大覺)

五. '知其解者'에서 '者'의 문법적 기능을 설명하시오.

六. 위 문장의 주제를 약술하시오.

|원문 3| 해골과의 대화

〈지락(至樂)〉

莊子之楚, 見空髑髏, 髐然有形. 撽以馬捶, 因而問之曰. 夫子貪生失理, 而爲此乎? 將子有亡國之事, 斧鉞之誅, 而爲此乎? 將子有不善之行, 愧遺父母妻子之醜, 而爲此乎? 將子有凍餒之患, 而爲此乎? 將子之春秋故及此乎? 於是語卒, 援髑髏, 枕而臥, 夜半髑髏見夢曰. 子之談者, 似辯士. 視子所言, 皆生人之累也, 死則无此矣. 子欲聞死之說乎? 莊子曰. 然. 髑髏曰. 死, 无君於上, 无臣於下, 亦无四時之事, 從然以天地爲春秋, 雖南面王樂, 不能過也. 莊子不信曰. 吾使司命復生子形, 爲子骨肉肌膚, 反子父母妻子·閭里知識, 子欲之乎. 髑髏深矉蹙頞曰. 吾安能棄南面王樂, 而復爲人間之勞乎.

|구절 풀이|

- **촉루**(髑髏) : 해골이다. 髑 해골 촉, 髏 해골 루
- **효연**(髐然) : 백골이 드러난 모양이다. 髐 백골 모양 효
- **교이마추**(撽以馬捶) : 말채찍으로 치다. 撽 칠 교, 捶 종아리 칠 추·채찍 추
- **장자유망국지사**(將子有亡國之事) : 아니면 그대가 나라를 망친 일이 있었는가? '장(將)'은 '혹(或)'과 통하여 '혹시', '아니면'의 뜻이다.
- **괴유부모처자지추**(愧遺父母妻子之醜) : 부모와 처자에게 누를 끼친 것을 부끄러워하다.
- **동뇌**(凍餒) : 춥고 배고프다. 凍 얼 동, 餒 주릴 뇌

- **종연**(從然) : 느긋하고 편안한 모습이다.
- **사명**(司命) : 사람의 생명을 주관하는 신이다.
- **지식**(知識) : 아는 사람, 친구의 뜻이다.
- **심빈축알**(深矉蹙頞) : 심하게 얼굴을 찡그리다. 矉 찌푸릴 빈(顰과 같은 자), 蹙 닥칠 축·재촉할 축·찡그릴 축, 頞 콧마루 알

|원문 번역|

장자가 초나라로 가다가 텅 빈 해골을 보았는데, 앙상하게 뼈만 남아 있었다. (장자는) 말채찍으로 치다가 이어서 물었다. "그대는 삶을 탐하다가 도리를 잃어 이 모양이 되었는가? 아니면 그대가 나라를 망친 일이 있어 처형을 당하여 이 모양이 되었는가? 아니면 그대가 착하지 못한 행실이 있어 부모와 처자에게 누를 끼친 것을 부끄러워하다가 이 모양이 되었는가? 아니면 춥고 배고픈 고난이 있어 이 모양이 되었는가? 아니면 그대의 나이 때문에 이렇게 되었는가?" 이에 말이 끝나고 해골을 당겨 베고 누웠는데, 한밤중에 해골이 꿈에 나타나 말했다. "그대가 말한 것은 변론하는 자들과 같구려. 그대가 말한 것을 보니 모두 산 사람들의 걱정거리인데, 죽으면 이런 걱정이 없어진다오. 그대는 죽음에 대한 이야기를 듣고 싶은가?" 장자가 말했다. "그렇네." 해골이 말했다. "죽으면 위로는 군주가 없고 아래로는 신하가 없으며 또한 사계절의 일도 없어 느긋하게 천지의 무한한 시간을 봄과 가을로 삼으니, 비록 남면하여 왕 노릇하는 즐거움일지라도 넘어설 수 없다네." 장자는 믿을 수가 없어 물었다. "내가 목숨을 맡은 신으로 하여금 그대의 몸을 다시 살아나게 하고 그대의

뼈와 살과 피부를 만들어서 그대의 부모 처자와 마을 친구들에게 돌아가게 한다면, 그대는 그것을 바라겠는가?" 해골이 심하게 얼굴을 찡그리며 말했다. "내 어찌 남면하여 왕 노릇하는 (것보다 더한) 즐거움을 버리고 다시 인간 세상의 고생을 하겠는가."

| 주제 해설 |

장자가 살아 있는 자신과 죽어서 뼈만 남은 해골을 등장시켜 삶에 집착하고 죽음을 두려워하는 사람들을 깨우쳐 준 우언이다. 죽으면 살아서의 고뇌와 번민 등이 없을 뿐 아니라 천지와 함께 영원히 존재하므로 이승의 천자보다 더 큰 즐거움이 있다는 주장은, 염세주의나 죽음에 대한 찬미라기보다는 삶에 대한 속인들의 집착을 타파하기 위한 설정이라고 하겠다.

| 연습문제 |

一. 다음 표현의 음과 뜻을 쓰시오.

   1) 驍然(   ) :

   2) 馬捶(   ) :

   3) 凍餒(   ) :

   4) 從然(   ) :

   5) 蹙頞(   ) :

二. 다음 용어에 대해 설명하시오.

   1) 촉루(髑髏) :

   2) 부월(斧鉞) :

   3) 남면(南面) :

   4) 사명(司命) :

三. 다음 문장을 번역하시오.

   1) 子之春秋故及此乎? :

   2) 視子所言, 皆生人之累也. :

   3) 雖南面王樂, 不能過也. :

四. 위 문장과 관련된 성어(成語)를 한자로 쓰시오.(南面)

五. '而爲此乎?'에서 '此'가 가리키는 단어를 찾아 쓰시오.

六. '莊子之楚'에서 '之'의 문법적 기능을 설명하시오.

七. 위 문장의 주제를 약술하시오.

2. 죽음을 대하는 지혜

장자는 만물의 생사가 기(氣)의 변화에서 비롯된다는 사생관을 전개하였다. 『장자·지북유(知北遊)』에서, "사람이 태어나는 것은 기가 모이는 것이니, 모이면 삶이 되고 흩어지면 죽음이 된다.(人之生, 氣之聚也, 聚則爲生, 散則爲死.)"라고 하였다. 그는 아내가 죽었을 때 다리를 뻗은 채 동이를 두드리며 노래하였다고 한다. 혜시가 이를 비판하자 죽음이란 기가 변하여 자연으로 돌아가는 것, 즉 '순응자연'의 과정임을 설파하면서 생사에 대한 호오의 감정은 의미 없는 일임을 깨우쳤다. 같은 맥락에서 장자는 〈제물론(齊物論)〉에서 생사에 대한 집착으로부터 벗어나야 하는 까닭을 다음과 같이 강조하였다.

> 내가 어찌 태어남을 기뻐하는 것이 미혹된 것이 아니라고 알겠으며, 내가 어찌 죽음을 싫어하는 것이 어려서 집을 잃고 돌아갈 줄을 모르는 자가 아니라고 알겠는가.
> 予惡乎知說生之非惑邪, 予惡乎知惡死之非弱喪而不知歸者邪.

따라서 장자는 죽음을 원래의 곳으로 돌아가는 것이라고 하였다. 〈전자방(田子方)〉에서, "태어남은 싹트는 것이 있음이요 죽음은 돌아감이 있음이다. 처음과 끝은 반복되면서 끝이 없어서 그 다하는 바를 알 수가 없다.(生有所乎萌, 死有所乎歸. 始終相反乎无端, 而莫知乎其所窮.)"라고 하였고, 〈대종사(大宗師)〉에서는, "대자연은 (나의) 육체로 나를 실어주고 삶으로 나를 수고롭게 하며, 늙음으로 나를 편안하게 하고 죽음으로 나를 쉬게 한다.(夫大塊, 載我以形, 勞我以生, 佚我以老, 息我以死.)"라고 하여, 죽음을 자연이 나에게 주는 휴식이라고 하였다. 죽음을 순응자연의 최고 형태이자 안식의 최고 경지로 본 것이다. 따라서 삶과 죽음이 한가지라는 이치를 깨달으면 생을 탐하고 죽음을 두려워하는 미혹에서 벗어날 수 있다.

장자는 이렇게 죽음에 대해 호오의 감정을 버리고 자연의 질서에 순응할 것을 강조하였다. 『장자·추수(秋水)』에서는 큰 지혜를 가진 사람을 묘사하여, "큰 도를 밝게 아니 그 때문에 살아 있다고 기뻐하지 않고 죽는다고 재앙으로 여기지 않는다, 끝과 시작이 고정된 것이 없음을 알기 때문이다.(明乎坦塗, 故生而不說, 死而不禍. 知終始之不可故也.)"라고 하였다. 끝이 시작이 되고 시작이 끝이 되는 이치는 삶과 죽음을 같게 보는 생사관의 핵심이라고 하겠다.

|원문1| 아내의 죽음

〈지락(至樂)〉

莊子妻死, 惠子弔之, 莊子則方箕踞, 鼓盆而歌. 惠子曰. 與人居, 長子, 老身死, 不哭, 亦足矣, 又鼓盆而歌, 不亦甚乎. 莊子曰. 不然. 是其始死也, 我獨何能无槪然, 察其始, 而本无生. 非徒无生也, 而本无形. 非徒无形也, 而本无氣. 雜乎芒芴之間, 變而有氣, 氣變而有形, 形變而有生. 今又變而之死, 是相與爲春秋冬夏四時行也. 人且偃然寢於巨室, 而我噭噭然隨而哭之, 自以爲不通乎命, 故止也.

|구절 풀이|

- **장자즉기거**(莊子則箕踞) : 장자는 도리어 두 다리를 뻗고 앉아. '즉(則)'은 '각(却)'과 통하여 '도리어'의 뜻이다. 箕 키 기·두 다리를 뻗고 앉을 기, 踞 웅크릴 거·걸터앉을 거
- **고분**(鼓盆) : 질장구를 두드리다. 이 고사에서 유래되어 '상처(喪妻)하다'의 뜻으로 쓰인다. 盆 동이 분·질장구 분
- **아독하능무개연**(我獨何能无槪然) : 내가 유독 어찌 슬픔이 없을 수 있었겠는가. '개(槪)'는 '개(慨)'와 통하여, '슬퍼하다'의 뜻이다.
- **망홀지간**(芒芴之間) : 혼돈한 사이. 흐릿하며 분명하지 않은 상태를 가리킨다.
- **언연**(偃然) : 편히 쉬는 모양이다. '언(偃)'은 '안(安)'과 통하여, '편안하다'의 뜻이다. 偃 쓰러질 언·누울 언
- **거실**(巨室) : 큰 집, 천지, 즉 자연을 가리킨다.
- **교교연**(噭噭然) : 슬피 우는 모양이다. 噭 부르짖을 교

| 원문 번역 |

장자의 아내가 죽어 혜자가 조문을 갔는데, 장자는 도리어 한창 두 다리를 뻗고 앉아 질장구를 두드리면서 노래 부르고 있었다. 혜자가 말했다. "그 사람과 함께 살면서 자식을 키우다가 늙어서 죽었는데, 울지 않는 것은 또한 괜찮더라도 더욱이 질장구를 두드리며 노래를 부르는 것은 너무 심하지 않은가." 장자가 대답하였다. "그렇지 않네. 이 사람이 막 죽었을 때는 내가 유독 어찌 슬픔이 없을 수 있었겠는가만 그 처음을 살펴보니 본래 생명이 없었지. 단지 생명이 없었을 뿐만 아니라 본래 형체도 없었지. 단지 형체가 없었을 뿐만이 아니라 본래 기(氣)조차 없었지. 혼돈한 사이에 섞여 있다가 변하여 기가 있게 되었으며, 기가 변하여 형체가 있게 되고 형체가 변하여 생명이 있게 되었지. 지금 다시 변하여 죽음으로 돌아가니, 이것은 서로 춘하추동의 사계절이 운행하는 것일세. 이 사람이 이제 편안히 (천지라는) 큰 집에서 잠들었는데 내가 소리치며 계속해서 운다면, 스스로 생각하기에 천명을 깨닫지 못한 것 같아 그래서 그만두었다네."

| 주제 해설 |

인간의 삶과 죽음을 자연의 운행의 한 과정으로 담담히 받아들이고 순응할 것을 가르친 내용이다. 〈지북유〉편에서, "사람이 태어나는 것은 기가 모이는 것이다. 모임은 태어남이고 흩어짐은 죽음이다. (人之生, 氣之聚也. 聚則爲生, 散則爲死.)"라고 하였듯이 죽음이란 기가 변하여 자연의 상태[도]로 돌아가는 것, 즉 '복귀자연'의 과정임을 설파하였다. 따라서 혜시에게 생사에 대한 호오의 감정에서 초월할 것을 깨우쳐 주고 있다.

| 연습문제 |

一. 다음 표현의 음과 뜻을 쓰시오.

  1) 箕踞(   ) :

  2) 芒芴(   ) :

  3) 噭噭然(   ) :

二. 다음 용어에 대해 설명하시오.

  1) 고분(鼓盆) :

  2) 개연(概然) :

  3) 언연(偃然) :

三. 다음 문장을 번역하시오.

  1) 與人居, 長子, 老身死. :

  2) 氣變而有形, 形變而有生. :

  3) 自以爲不通乎命, 故止也. :

四. 위 문장과 관련된 성어(成語)를 한자로 쓰시오.(鼓盆之痛, 巨室)

五. '與人居'에서 '人'이 가리키는 단어를 찾아 쓰시오.

六. '莊子則方箕踞'에서 '則'의 문법적 기능을 설명하시오.

七. 위 문장의 주제를 약술하시오.

| 원문 2 | 장자(莊子)의 부장품(副葬品)

〈열어구(列禦寇)〉
莊子將死, 弟子欲厚葬之, 莊子曰. 吾以天地爲棺槨, 日月爲連璧, 星辰爲珠璣, 萬物爲齎送, 吾葬具豈不備邪. 何以加此. 弟子曰. 吾恐烏鳶之食夫子也. 莊子曰. 在上爲烏鳶食, 在下爲螻蟻食. 奪彼與此, 何其偏也.

| 구절 풀이 |

- **관곽**(棺槨) : 널과 덧널, 즉 내관(內棺)과 외관(外棺)이다. 槨 덧널 곽
- **연벽**(連璧) : 한 쌍의 옥. 璧 둥근 옥 벽
- **주기**(珠璣) : 주옥. 璣 구슬 기
- **재송**(齎送) : 부장품. 齎 보낼 재
- **오연**(烏鳶) : 까마귀와 솔개. 鳶 솔개 연
- **누의**(螻蟻) : 땅강아지와 개미. 螻 땅강아지 루, 蟻 개미 의

| 원문 번역 |

장자가 곧 죽게 되었을 때 제자들이 그를 후하게 장사 지내려 하자 장자가 말했다. "나는 하늘과 땅을 널과 덧널로 삼고 해와 달을 한 쌍의 옥으로 삼으며, 별들을 장식용 구슬로 삼고 만물을 부장품(副葬品)으로 삼을 것이니 나의 장례용품이 어찌 부족하겠는가. 무엇을 여기에 더하겠는가." 제자들이 말했다. "저희들은 까마귀나 솔개가 선생님의 신체를 쪼아먹을까 염려됩니다." 장자가 말했다. "(땅) 위

에 있으면 까마귀나 솔개에게 먹히고 (땅) 아래에 있으면 땅강아지나 개미에게 먹힌다. (후장은) 저쪽에서 빼앗아 이쪽에 주는 격이니 어찌 그리 치우친가."

| 주제 해설 |

역시 장자의 생사관을 잘 보여주는 우언으로, 아내가 죽자 다리를 뻗고 앉아 질장구를 두드리면서 노래를 부른 행위와 함께 참고할 만하다. 이렇듯이 죽음에 달관한 장자의 생사관과 맥을 같이하는 다음과 같은 후대의 일화가 있다. 전한 시기의 양왕손(楊王孫)이 후장을 반대하면서 유언하기를, "나는 알몸으로 매장하여 나의 원래 상태로 돌아가고 싶으니, 반드시 내 뜻을 함부로 바꾸지 마라. 죽으면 포대를 만들어 시체를 싸서 7척 깊이의 땅에 넣고 내려놓은 뒤에 발에서부터 그 포대를 벗겨서 몸이 흙에 바로 닿도록 하여라.(吾欲裸葬, 以反吾眞, 必亡易吾意. 死則爲布囊盛尸, 入地七尺, 旣下, 從足引脫其囊, 以身親土.)"라고 하였다.『한서·양왕손전(楊王孫傳)』에 보인다.

| 연습문제 |

一. 다음 표현의 음과 뜻을 쓰시오.

　　1) 厚葬(　　) :

　　2) 棺槨(　　) :

　　3) 連璧(　　) :

二. 다음 용어에 대해 설명하시오.

　　1) 재송(齎送) :

　　2) 오연(烏鳶) :

　　3) 누의(螻蟻) :

三. 다음 문장을 번역하시오.

　　1) 吾葬具豈不備邪. 何以加此. :

　　2) 在上爲烏鳶食, 在下爲螻蟻食. :

　　3) 奪彼與此, 何其偏也. :

四. '烏鳶之食夫子'에서 '夫子'가 가리키는 단어를 찾아 쓰시오.

五. '何其偏也'에서 '其'의 용법을 설명하시오.

六. 위 문장의 주제를 약술하시오.

| 제10강 |

장자의 생사관[2] :
숙명론宿命論

1. 생사의 과정 : 도의 작용일 뿐

장자는 인간의 생사가 도의 작용에 의해 진행되는 과정일 뿐이라고 하였다. 〈대종사〉에서는 그것을 낮과 밤이 교대하는 일상적인 과정으로 비유하여, "삶과 죽음은 운명이니, 거기에는 밤낮과 같은 일정함이 있어 자연스러운 것이다.(死生, 命也, 其有夜旦之常, 天也.)"라고 하였다. 자연의 질서, 즉 도를 따르면서 생사에 대해 개인적인 호오의 감정에 몰입되지 말 것을 가르친 것이다.

따라서 장자의 숙명론은 운명이란 정해진 것이니 사람의 의지를 포기하고 되는 대로 살라는 뜻이 아니라, 그와는 정반대로 철저한 자기 관리와 감정 조절을 통한 평정심의 유지를 가르친 것이라고 하겠다. 운명도 도의 한 작용이니 운명을 수용하는 것도 도를 깨닫고 실천하는 한 방편이라는 의미이다.

〈양생주(養生主)〉에서는 또 이르기를, "죽음이란 자연에 순응하는 것이니 슬픔이나 즐거움이 개입될 수 없다. 옛날에 이를 일러 상제(上帝)가 거꾸로 매달린 데에서 풀어 주는 것[현해(懸解)]이라고 하였다. (安時而處順, 哀樂不能入也. 古者謂是帝之懸解.)"고 하였다. 장자는 생사의 상황을 슬픔이나 즐거움이 관여될 수 없는 현상으로 규정하고 있다. 이는 주관에 갇힌 작은 자아의 국한성에서 벗어났을 때 가능한 일이다.

|원문1| 강이나 호수에서 서로를 잊다

〈대종사(大宗師)〉

死生, 命也, 其有夜旦之常, 天也. 人之有所不得與, 皆物之情也. 彼特以天爲父, 而身猶愛之, 而況其卓乎. 人特以有君爲愈乎己, 而身猶死之, 而況其眞乎. 泉涸, 魚相與處於陸, 相呴以濕, 相濡以沫, 不如相忘於江湖. 與其譽堯而非桀也, 不如兩忘而化其道. 夫大塊, 載我以形, 勞我以生, 佚我以老, 息我以死. 故善吾生者, 乃所以善吾死也.

|구절 풀이|

- **야단**(夜旦) : 밤과 낮.
- **기탁**(其卓) : 그보다 뛰어난 것, 즉 도(道)를 가리킨다.
- **천학**(泉涸) : 샘이 마르다. 涸 마를 학·말릴 학
- **상구이습, 상유이말**(相呴以濕, 相濡以沫) : 서로 습기로 불어주고 서로 거품으로 적셔주다. 呴 숨내쉴 구·꾸짖을 구, 濡 젖을 유·적실 유, 沫 거품 말·땀흘릴 말
- **대괴**(大塊) : 대지(大地), 대자연의 뜻이다. 塊 흙덩이 괴

| 원문 번역 |

삶과 죽음은 운명이니, 거기에는 밤낮과 같은 일정함이 있어 자연스러운 것이다. 사람이 간여할 수 없는 것이 있으니, 모두가 만물의 실상이다. 그들은 단지 하늘을 부모로 여겨 그 자신이 오히려 그것을 사랑하는데, 하물며 그보다 '뛰어난 것[도(道)]'이겠는가. 사람들은 단지 군주를 자기보다 낫게 여겨 그 자신이 오히려 그를 위해 죽는데, 하물며 그보다 '참된 것[도(道)]'이겠는가. 샘이 마르자 고기들이 함께 땅 위에 있으면서 서로 습기로 불어주고 서로 거품으로 적셔주지만, 강이나 호수에서 서로를 잊는 게 낫다. 요임금을 칭찬하고 걸왕을 비난하기보다는 둘 다 잊고 도와 융화되는 것이 낫다. 대자연은 (나의) 육체로 나를 실어주고 삶으로 나를 수고롭게 하며, 늙음으로 나를 편안하게 하고 죽음으로 나를 쉬게 한다. 그러므로 나의 삶을 좋게 여기는 자는 나의 죽음도 좋게 여기는 것이다.

| 주제 해설 |

삶과 죽음은 자연 법칙으로 도가 작용하는 하나의 현상이다. 따라서 삶과 죽음을 포함한, 도가 작용하는 것은 사람이 간여할 수 없는 것이다. 자연에 따를 것[순응자연(順應自然)]을 강조하고 있다. 나아가 옳고 그름, 삶과 죽음을 초월한 진인의 경지를 제시하고 있다.

| 연습문제 |

一. 다음 표현의 음과 뜻을 쓰시오.
   1) 夜旦(   ) :
   2) 泉涸(   ) :

二. 다음 용어에 대해 설명하시오.
   1) 양망(兩忘) :
   2) 대괴(大塊) :

三. 다음 문장을 번역하시오.
   1) 相呴以濕, 相濡以沫. :
   2) 相忘於江湖. :
   3) 善吾生者, 乃所以善吾死也. :

四. 위 문장과 관련된 성어(成語)를 한자로 쓰시오.(相忘鱗, 兩忘)

五. '彼特以天爲父'에서 '彼'가 가리키는 글자를 찾아 쓰시오.(物)

六. '人之有所不得與'에서 '得'의 문법적 기능을 설명하시오.

七. 위 문장의 주제를 약술하시오.

| 원문 2 | 만물과 더불어 봄을 누리다

〈덕충부(德充符)〉

(仲尼曰.) 哀駘它, 未言而信, 无功而親, 使人授己國, 唯恐其不受也, 是必才全, 而德不形者也. 哀公曰. 何謂才全? 仲尼曰. 死生存亡, 窮達貧富, 賢與不肖毁譽, 飢渴寒暑, 是事之變, 命之行也. 日夜相代乎前, 而知不能規乎其始者也. 故不足以滑和, 不可入於靈府. 使之和豫, 通而不失於兌, 使日夜无郤, 而與物爲春, 是接而生時於心者也. 是之謂才全. 何謂德不形? 曰. 平者, 水停之盛也. 其可以爲法也, 內保之, 而外不蕩也. 德者, 成和之脩也, 德不形者, 物不能離也.

| 구절 풀이 |

- **애태타**(哀駘它) : 장자가 설정한 허구적 인물이다.
- **불능규호기시자**(不能規乎其始者) : 그것이 시작되는 것을 헤아릴 줄 모르다. '규(規)'는 '규(窺)'와 통하여 '엿보다', '살피다'의 뜻이다.
- **골화**(滑和) : 조화를 어지럽히다. 滑 미끄러울 활·어지럽힐 골·흐릴 골
- **영부**(靈府) : 마음을 이르는 말이다.
- **통이불실어태**(通而不失於兌) : 서로 통하여 기쁨을 잃지 않게 하다. 조화를 어지럽히지 않음을 가리킨다. 兌 바꿀 태·기뻐할 태
- **일야무극**(日夜无郤) : 밤낮으로 틈이 나지 않게 하다. '극(郤)'은 '극(隙)'과 통하여 '간극'의 뜻이다.
- **여물위춘**(與物爲春) : 만물과 더불어 봄을 누리다. 만나는 처지나 상대

와 화합함, 즉 어긋남이 없는 관계를 이루는 경지이다.
- **생시어심**(生時於心) : 마음속에 시의적절함을 내는 것이다. '시(時)'는 '제때에 맞게 하다'의 뜻으로, 공자(孔子)의 '시중(時中)'과 통하는 개념이다.
- **외불탕**(外不蕩) : 밖으로 출렁이지 않다. 蕩 쓸릴 탕·출렁일 탕
- **성화지수**(成和之脩) : 조화의 수양을 완성한 것.

|원문 번역|

(공자가 말했다.) 애태타는 말하지 않아도 (사람들이) 믿고 공(功)이 없어도 (사람들이) 가까이하며, 남이 자기 나라를 맡기면서도 오직 그가 받지 않을까를 염려하게 하니, 이는 반드시 재능이 온전하면서도 덕이 드러나지 않는 자입니다." 애공이 물었다. "무엇을 일컬어 재능이 온전하다고 하는지요?" 공자가 대답하였다. "사생과 존망, 궁달과 빈부, 훌륭함과 불초함, 헐뜯음과 칭찬, 주림과 목마름, 추위와 더위는 현상이 변하는 것이며 천명이 진행되는 것입니다. (이런 변화가) 밤낮으로 앞에서 바뀌어도 지각(知覺)은 그것이 시작되는 것을 헤아릴 줄 모릅니다. 그러므로 (이것들이) 조화를 어지럽히지 못하고 마음에 개입될 수가 없습니다. 그로 하여금 조화롭고 기쁘게 하고 서로 통하여 기쁨을 잃지 않게 하며, 밤낮으로 간극이 나지 않게 하여 만물과 더불어 봄을 누리게 하니, 이는 (만물과) 접촉하면서 마음속에 시의적절함을 내는 것입니다. 이것을 일러 재능이 온전하다고 하는 것입니다." "무엇을 일러 덕이 드러나지 않는다고 하는지요?" 공자가 대답하였다. "평평함이란 것은 물이 멎어 있는 것이 지극한

상태입니다. 그것이 표준이 될 수 있는 것은 안으로 간직한 채 밖으로 출렁이지 않기 때문입니다. 덕이란 것은 조화의 수양을 완성한 것이니, 덕이 드러나지 않는 자는 만물이 (그를) 떠날 수 없습니다."

| 주제 해설 |

사생과 존망을 비롯한 모든 현상과 그 변화는 천명이 진행되는 것이다. 이런 변화가 밤낮으로 앞에서 바뀌어도 깨달은 이의 지각은 그것이 시작되는 것을 헤아릴 줄 모른다. 제반 현상의 변화에 초월했음을 가리키는 것으로, 이것이 재능이 온전한 것이라는 설명이다. 그런 실례로 애태타라는 가상의 인물을 설정하여 묘사한 것이다.

|연습문제|

一. 다음 표현의 음과 뜻을 쓰시오.

　　1) 无郤(　　) :

　　2) 相代(　　) :

　　3) 水停之盛(　　) :

二. 다음 용어에 대해 설명하시오.

　　1) 재전(才全) :

　　2) 골화(滑和) :

　　3) 영부(靈府) :

三. 다음 문장을 번역하시오.

　　1) 未言而信, 无功而親. :

　　2) 知不能規乎其始者. :

　　3) 是接而生時於心者也. :

四. 위 문장과 관련된 성어(成語)를 한자로 쓰시오.(才全)

五. '其可以爲法也'에서 '其'가 가리키는 글자를 찾아 쓰시오.(平)

六. '不失於兌'에서 '於'의 문법적 기능을 설명하시오.

七. 위 문장의 주제를 약술하시오.

2. '부득이(不得已)함'의 수용

인위적으로 어찌할 수 없는 현상을 자각하고 따르는 것이 지혜이다. 〈대종사〉에서 "나의 삶을 좋게 여기는 자는 나의 죽음도 좋게 여기는 것이다.(善吾生者, 乃所以善吾死也.)"라고 하였듯이, 생사의 숙명적 이치를 깨달은 사람은 삶을 좋게 여기는 것과 똑같이 죽음도 좋게 여길 수 있다. 따라서 장자는 〈양생주(養生主)〉에서 노자가 죽었을 때의 일화를 들어 죽음의 본질에 대해 말하고 있다. 진일이 문상을 갔는데 사람들이 슬프게 우는 것을 보고 노자에 대해 실망했다는 내용이 나온다. 노인들은 자기 자식이 죽은 것처럼 울고 젊은이들은 자기 어머니가 죽은 듯이 울었다. 진일은 그들이 그렇게 하는 이유는, 노자가 그들이 곡하기를 바라지는 않았겠지만 곡하게 한 까닭이 있었던 것이라고 하였다. 이것은 자연의 도리를 회피하고 (하늘에서) 받은 바를 잊은 것이니, '자연의 도리를 회피한 죄[둔천지형(遁天之刑)]'라고 하였다. 노자가 도를 체득한 사람이었다면 주변 사람들이 그의 죽음에 대해 이렇게까지 슬퍼하지는 않았을 것이라는 말이다. 죽음을 슬퍼하는 것을 자연의 이치에 대한 부정이자 거부의 행위로 본 것이다.

 따라서 장자는 〈지북유(知北遊)〉편에서 우리의 인생을 흰 말이 틈 앞을 지나가는 것과 같다고 비유하였다. 짧은 인생에서 부득이한 것들에 집착하고 괴로워하는 중생들에 대한 깨우침이다.

|원문1| 하늘과 하나가 되다

〈달생(達生)〉
達生之情者, 不務生之所无以爲, 達命之情者, 不務知之所无奈何. 養形必先之以物, 物有餘, 而形不養者有之矣. 有生, 必先无離形, 形不離而生亡者, 有之矣. 生之來不能卻, 其去不能止. 悲夫. 世之人以爲養形, 足以存生. 而養形, 果不足以存生, 則世奚足爲哉. 雖不足爲, 而不可不爲者, 其爲不免矣. 夫欲免爲形者, 莫如棄世. 棄世則无累, 无累則正平, 正平則與彼更生, 更生則幾矣. 事奚足棄, 而生奚足遺. 棄事則形不勞, 遺生則精不虧. 夫形全精復, 與天爲一. 天地者, 萬物之父母也, 合則成體, 散則成始. 形精不虧, 是謂能移, 精而又精, 反以相天.

|구절 풀이|

- **생지소무이위**(生之所无以爲) : 생명으로 어떻게 할 수 없는 것. 앞의 〈덕충부〉에서 말한 사생과 존망 등이다.

- **지지소무내하**(知之所无奈何) : 지혜로 어떻게 할 수 없는 것, 앞의 〈덕충부〉에서 말한 궁달과 빈부, 훌륭함과 불초함, 헐뜯음과 칭찬, 주림과 목마름, 추위와 더위 등이다.

- **형불리이생망자, 유지의**(形不離而生亡者, 有之矣) : 몸을 잃지 않았는데도 생명을 잃는 경우가 있다. 몸은 살았어도 마음을 잃는 경우를 가리킨다.

- **여피갱생**(與彼更生) : 그것과 더불어 다시 태어나다. '피(彼)'는 자연의 조화(造化)를 가리킨다.

- **형전정복**(形全精復) : 몸이 온전해지고 정신이 회복되다. 세속적인 일을 버려 몸이 수고롭지 않으면 몸이 온전해지고, 생명을 잊어 정신이 손상되지 않으면 정신이 회복된다.
- **능이**(能移) : 자연의 변화에 순응하여 변해 가는 것을 가리킨다.
- **상천**(相天) : 자연의 도를 돕다. 순응자연함으로써 천지자연의 도에 도움이 되는 것이다.

|원문 번역|

생명의 실상을 깨달은 자는 생명으로 어떻게 할 수 없는 것에는 힘쓰지 않고, 천명(天命)의 실상을 깨달은 자는 지혜로 어떻게 할 수 없는 것에는 힘쓰지 않는다. 몸을 기르는 데는 반드시〔의식주(衣食住) 등의〕 재물이 앞서지만, 재물에 여유가 있어도 몸이 길러지지 않는 경우가 있다. 생명을 유지하려면 반드시 먼저 몸을 잃지 않아야 하지만, 몸을 잃지 않았는데도 생명을 잃는 경우가 있다. 생명이 찾아오는 것은 물리칠 수 없고 그것이 떠나가는 것도 멈추게 할 수 없다. 슬프구나. 세상 사람들은 몸을 기르면 충분히 생명을 보존할 수 있다고 여긴다. 그러나 몸을 길러도 결국 생명을 보존할 수 없다면 세속적인 것이 어찌 추구할 가치가 있겠는가. 비록 추구할 가치가 없지만 하지 않을 수 없는 것은 아마도 (몸을 추구하는 데에서) 벗어나지 못하기 때문일 것이다. 무릇 몸을 추구하는 데에서 벗어나고 싶다면 세속적인 것을 버리는 것만한 것이 없다. 세속적인 것을 버리면 이끌림이 없고 이끌림이 없으면 바르고 평안해지며, 바르고 평안해지면 그것(자연)과 더불어 다시 태어나고 다시 태어나면 [도(道)

에] 가까워질 것이다. 세속적인 일은 어찌 버릴 만하고 생명은 어찌 잊을 만한가. 세속적인 일을 버리면 몸이 수고롭지 않고, 생명을 잊으면 정신이 손상되지 않는다. 무릇 몸이 온전해지고 정신이 회복되면 하늘[자연]과 더불어 하나가 된다. 천지라는 것은 만물의 어버이로서, 합쳐지면 우리들의 몸을 이루고 흩어지면 처음의 상태가 된다. 몸과 정신이 손상되지 않는 것을 '제대로 옮겨가는 것[능이(能移)]'이라고 하는데, 정밀하고도 더욱 정밀하게 하면 (근본으로) 돌아가 자연의 도를 돕게 된다.

| 주제 해설 |

생명의 실상과 천명의 실상을 깨달은 자는 생명이나 지혜로 어떻게 할 수 없는 것에는 힘쓰지 않는다고 하였다. 그러므로 생명이 찾아오는 것은 물리칠 수 없고 그것이 떠나가는 것도 멈추게 할 수 없다. 현상을 수용하고 따르는 것이 도리라는 가르침이다.

나아가 생명을 기르는 방법에서 몸을 기르는 것이 기본적이고 중요하지만 더욱 중요한 것은 마음을 기르는 것이다. 그 최상의 방법은 세속적인 것을 버림으로써 자연의 이치와 하나가 되어 몸과 정신이 손상되지 않는 것이다. 그것을 일러 '제대로 옮겨가는 것[능이(能移)]'이라고 하였으니, 순응자연의 다른 이름이다.

|연습문제|

一. 다음 표현의 음과 뜻을 쓰시오.

　　1) 无奈何(　　) :

　　2) 養形(　　) :

　　3) 棄世(　　) :

二. 다음 용어에 대해 설명하시오.

　　1) 달생(達生) :

　　2) 능이(能移) :

　　3) 상천(相天) :

三. 다음 문장을 번역하시오.

　　1) 物有餘而形不養者, 有之矣. :

　　2) 生之來不能卻, 其去不能止. :

　　3) 棄事則形不勞, 遺生則精不虧. :

四. 위 문장과 관련된 성어(成語)를 한자로 쓰시오.(達生)

五. '與彼更生'에서 '彼'가 가리키는 것을 설명하시오.

六. '天地者'에서 '者'의 문법적 기능을 설명하시오.

七. 위 문장의 주제를 약술하시오.

|원문2| 위대한 귀환 [대귀(大歸)]

〈지북유(知北遊)〉

人生天地之間, 若白駒之過郤, 忽然而已. 注然勃然, 莫不出焉, 油然漻然, 莫不入焉. 已化而生, 又化而死. 生物哀之, 人類悲之, 解其天弢, 墮其天袠, 紛乎宛乎, 魂魄將往, 乃身從之, 乃大歸乎. 不形之形, 形之不形, 是人之所同知也, 非將至之所務也. 此衆人之所同論也, 彼至則不論. 論則不至. 明見无值, 辯不若黙. 道不可聞, 聞不若塞. 此之謂大得.

|구절 풀이|

- **약백구지과극**(若白駒之過郤) : 흰 말이 틈 앞을 지나가는 것과 같다. 세월이 대단히 빠름을 비유한 말이다. 駒 망아지 구·준마 구, 郤 틈 극
- **발연**(勃然) : 세차게 일어나는 모양이다.
- **류연**(漻然) : 변화하여 사라지는 모양이다. 류(漻)는 '료(寥)'와 통하여, '비다'의 뜻이다.
- **해기천도, 타기천질**(解其天弢, 墮其天袠) : (활이) 하늘의 활집에서 빠져나가듯 하고 칼이 하늘의 칼집에서 떨어져 나가듯 하다. 죽음은 속박에서 벗어나는 것이라는 비유이다. 弢 활집 도, 袠 칼전대 질
- **대귀**(大歸) : 위대한 귀환. 만물의 귀결, 즉 죽음을 가리킨다.
- **불형지형**(不形之形) : 형체를 이루지 않은 것에서 형체로 가다. 도(道)가 만물을 내는 상황, 즉 태어남을 가리킨다.
- **형지불형**(形之不形) : 형체에서 형체를 이루지 않은 것으로 돌아가다. 만물이 도(道)로 돌아가는 상황, 즉 죽음을 가리킨다.
- **비장지지소무야**(非將至之所務也) : 장차 도에 이를 사람은 애쓸 바가 아니다. 생사(生死)의 초월을 말하고 있다.
- **대득**(大得) : 큰 터득. 도를 터득한 경지를 가리킨다.

|원문 번역|

사람이 천지 사이에 사는 것은 마치 흰 말이 틈 앞을 지나가는 것과 같아, 순간일 뿐입니다. 물이 솟듯 하고 싹이 나듯 하여 거기[자연]에서 나오지 않는 것이 없고, 흐르듯 하고 사라지듯 하여 그곳으로 들어가지 않는 것이 없습니다. 이미 (기가) 변하여 태어났고 다시 변하여 죽는데 살아 있는 이들은 이를 애달파하고 사람들은 이를 슬퍼하지만, (죽음이란) 활이 하늘의 활집에서 빠져나가듯 하고 칼이 하늘의 칼집에서 떨어져 나가듯 하여, 흩어지고 쓰러져 혼백이 떠나고 육체가 그것을 쫓아가는 것이니, 바로 '위대한 귀환[대귀(大歸)]'입니다. 형체를 이루지 않은 것에서 형체로 가고 형체에서 형체를 이루지 않은 것으로 돌아가는 것은 사람들이 모두 알고 있는 일이니, 장차 도에 이를 사람은 애쓸 바가 아닙니다. 이것은 세상 사람들이 모두 말하는 것이지만 도에 도달한 사람은 말하지 않습니다. 말하면 (도에) 이르지 못하고 분명하게 보려 하면 만나지 못하니, 따지기보다 침묵하는 것이 낫습니다. 도는 들을 수 없는 것이므로 듣는 것보다 귀를 막는 것이 낫습니다. 이것을 일러 '큰 터득[대득(大得)]'이라고 합니다.

|주제 해설|

노자가 공자에게 생사의 이치를 가지고 도를 설명해 준 우언이다. 사람의 생사는 기(氣)의 모임과 흩어짐이니 사람이 어찌할 수 없는 것으로, 살아간다는 것은 "흰 말이 틈 앞을 지나가는 것과 같다."고 하였다. 따라서 이 이치를 깨달으면 생사에 대한 집착과 두려움에서 벗어날 수 있는 것이니, 죽음을 '위대한 귀환[대귀(大歸)]'으로 정의하였다. 나아가 이 도리를 말이 아닌 침묵으로, 즉 몸으로 체득하는 것을 '큰 터득[대득(大得)]'이라고 하였다.

| 연습문제 |

一. 다음 표현의 음과 뜻을 쓰시오.

1) 天弢(   ) :

2) 勃然(   ) :

3) 滲然(   ) :

二. 다음 용어에 대해 설명하시오.

1) 백구(白駒) :

2) 대귀(大歸) :

3) 대득(大得) :

三. 다음 문장을 번역하시오.

1) 人生天地之間, 若白駒之過郤. :

2) 不形之形, 形之不形. :

3) 論則不至. 明見无値, 辯不若黙. :

四. 위 문장과 관련된 성어(成語)를 한자로 쓰시오.(大歸)

五. '莫不出焉'에서 '焉'의 문법적 기능을 설명하시오.

六. '不形之形'에서 '之'의 용법을 설명하시오.

七. 위 문장의 주제를 약술하시오.

| 원문 3 | 시간은 멈출 수 없고 도는 막을 수 없다

〈천운(天運)〉
孔子謂老聃曰. 丘治詩書禮樂易春秋六經, 自以爲久矣, 孰知其故矣. 以奸者七十二君, 論先王之道, 而明周召之迹, 一君无所鉤用. 甚矣夫. 人之難說也, 道之難明邪. 老子曰. 幸矣. 子之不遇治世之君也. 夫六經, 先王之陳迹也, 豈其所以迹哉. 今子之所言, 猶迹也. 夫迹, 履之所出, 而迹豈履哉. 夫白鶂之相視, 眸子不運而風化, 蟲, 雄鳴於上風, 雌應於下風而風化, 類自爲雌雄, 故風化. 性不可易, 命不可變, 時不可止, 道不可壅. 苟得於道, 无自而不可, 失焉者, 无自而可.

| 구절 풀이 |

- **숙지기고의**(孰知其故矣) : 그 내용을 잘 알고 있다. '숙(孰)'은 '숙(熟)'과 통하여, '익숙하다'의 뜻이다.

- **이간자칠십이군**(以奸者七十二君) : 그것으로 (쓰임을) 구한 것이 72명의 군주(君主)였습니다. 간(奸)은 간(干)과 통하여, '구하다'의 뜻이다.

- **일군무소구용**(一君无所鉤用) : 한 사람의 군주도 취해서 쓴 일이 없었습니다. '구(鉤)'는 '취(取)'의 뜻이다. 鉤 갈고리 구·걸 구

- **부백역지상시, 모자불운이풍화**(夫白鶂之相視, 眸子不運而風化) : 저 물새는 암수가 서로 바라보면서 눈동자가 움직이지 않았는데도 새끼를 낳는다. 도의 운행대로 새끼를 낳는 이치를 말한 것이다. '풍화(風化)'는 새나 곤충 등이 직접 교미하지 않고도 새끼를 낳는 것을 가리킨다. 鶂 새 이름 역(물새의 일종), 眸 눈동자 모

- **도불가옹**(道不可壅) : 도는 막을 수 없다. 사람이 도의 운행을 저지할 수 없음을 말한 것이다. 壅 막을 옹

| 원문 번역 |

공자가 노담에게 말하였다. "저는 시(詩), 서(書), 예(禮), 악(樂), 역(易), 춘추(春秋)의 육경(六經)을 공부하였는데 스스로 생각하기에, 오래되어서 그 내용을 잘 알고 있다고 여겼습니다. 그것으로 (쓰임을) 구한 것이 72명의 군주(君主)였는데, 옛 성왕의 도를 논하고 주공(周公)과 소공(召公)의 자취를 밝혔지만 한 사람의 군주도 취해서 쓴 일이 없었습니다. 심하군요. 사람을 설득하기가 어렵고 도를 밝히기가 어렵더군요." 노자는 말하였다. "다행이오. 그대가 치세의 군주를 만나지 못한 것이. 저 육경은 선왕의 낡은 발자취이니, 어찌 그것이 발자취의 근원이겠소. 지금 그대가 말하는 것은 발자취와 같소. 대저 발자취라는 것은 신발에서 나오는 것이니 어찌 발자취가 신발이겠소. 저 물새는 암수가 서로 바라보면서 눈동자가 움직이지 않았는데도 새끼를 낳고, 벌레는 수컷은 바람이 부는 위쪽에서 울고 암컷은 바람이 부는 아래쪽에서 응하여 새끼를 낳으니 종류별로 각자 암수를 이루어 새끼를 낳는 것이오. 본성은 바꿀 수 없고 천명은 변화시킬 수 없으며, 시간은 멈출 수 없고 도(道)는 막을 수 없다오. 만일 도를 얻는다면 어디에서 출발해도 좋지 않은 것이 없지만, 그것을 잃게 되면 어디에서 출발해도 좋은 것이 없소."

| 주제 해설 |

공자와 노자의 대화를 설정하여, 만물의 본성은 다 다르니 인의(仁義) 등의 속박을 가하지 않고 본성대로 낳고 자라게 하는 것이 지극한 다스림임을 강조한 것이다.

|연습문제|

一. 다음 표현의 음과 뜻을 쓰시오.

   1) 孰知(　　) :

   2) 周召(　　) :

   3) 陳迹(　　) :

二. 다음 용어에 대해 설명하시오.

   1) 육경(六經) :

   2) 모자(眸子) :

   3) 풍화(風化) :

三. 다음 문장을 번역하시오.

   1) 夫迹, 履之所出, 而迹豈履哉. :

   2) 時不可止, 道不可壅. :

   3) 苟得於道, 无自而不可. :

四. 위 문장과 관련된 성어(成語)를 한자로 쓰시오.(風化)

五. '豈其所以迹哉'에서 '其'가 가리키는 부분을 찾아 쓰시오.

六. '以奸者'에서 '以'의 문법적 기능을 설명하시오.

七. 위 문장의 주제를 약술하시오.

| 제11강 |

장자의 정치관[1] :
무위이치無爲而治

예로부터 중국의 지식인들에게, 벼슬길에 나서는 '출사(出仕)'와 물러나 숨는 '은일(隱逸)'은 일생의 중요한 선택의 문제가 되어 왔다. 그 배경에는 유가와 도가의 정치관이 자리잡고 있다.

유가에서는 기본적으로 벼슬하는 것을 군자 본연의 의무로 여기고 은일을 반대하였다. 즉 군자가 벼슬하는 것은 자신의 도리를 실천하는 것이라는 견해이다. 공자는 『논어·미자(微子)』편에서 세상을 피해 사는 은자들에게 제자 자로(子路)를 통해 말을 전하기를, "벼슬하지 않는 것은 도리가 없는 것이니, 장유(長幼)의 예절을 그만둘 수 없는데 군신(君臣) 간의 도리를 어떻게 그렇게 그만둘 수 있겠는가. 그 자신을 깨끗하게 하려다가 큰 질서를 어지럽히는 것이다. 군자가 벼슬하는 것은 그 도리를 실천하는 것이다.(不仕無義, 長幼之節, 不可廢也, 君臣之義, 如之何其廢之, 欲潔其身而亂大倫, 君子之仕也, 行其義也)"라고 하였다. 지식인이 자기 자신을 수양하고 덕을 이룬 뒤에 벼슬에 나서는 것이 마땅한 도리라는 설명이다.

맹자는 『맹자·등문공하(滕文公下)』에서, "지식인이 벼슬하는 것은 농부가 농사짓는 것과 같다.(士之仕也, 猶農夫之耕也.)"라고 할 만큼 절박한 문제로 보았다. 그러나 도가 행해지지 않는 세상에서는 때를 기다리는 지혜가 요구된다. 물러나 자기 자신을 닦고 도를 지키는 자세는 언젠가 도를 펼 수 있는 때를 기다리는 것이다. 『주역·곤괘(坤卦)·문언전(文言傳)』에서, "천지(의 도)가 막히면 현인은 숨는다. 『역경』에 이르기를, '자루의 주둥이를 묶으면, 허물도 없으며 칭송도 없으리라.'고 하였는데 이는 삼감을 일컫는 것이다.(天地閉, 賢人隱. 易曰括囊无咎无譽, 蓋言謹也.)"라고 하여 현자는 혼란한 시대를 만나면 은둔한다고 하였다. 『중용(中庸)·제27장』에서는, "나라에 도가 있을 때에는 그 말이 족히 자신을 일으키게 하며, 나라에 도가 없을 때에는 그 침묵이 족히 자신을 용납되게 한다. 『시경』에 이르기를 '밝고도 지혜로와 자신을 보존한다'고 하였는데 아마도 이것을 일컫는 것이리라.(國有道, 其言足以興, 國無道, 其黙足以容, 詩曰, 旣明且哲, 以保其身, 其此之謂與.)"라고 하여 『시경·대아(大雅)·증민(蒸民)』의 구절을 인용하면서 '명철보신(明哲保身)'의 의미를 설명하였다. 이는 무도한 세상에서는 침묵이 지혜로운 처신임을 강조한 것이다.

도가에서는 기본적으로 벼슬에 나서는 것을 반대하였다. 춘추시대 말기에 접어들면서 각국은 침략을 일삼고 그에 따라 대량 살상이 빈번하여졌다. 노자는 약육강식에 의한 대국주의(大國主義)를 혐오하여 '무위이치'와 '소국과민'의 정치철학을 제시하였다.

지혜로운 자로 하여금 감히 작위를 행하지 못하게 할 것이다. 작위가 없음[무위]을 행하면 다스려지지 않는 것이 없다.
使夫智者不敢爲也. 爲無爲, 則無不治.『노자·제3장』

성인이 말하기를, "내가 무위하면 백성은 저절로 교화되고 내가 고요함을 좋아하면 백성은 저절로 바르게 되며, 내가 일을 일으키지 않으면 백성은 저절로 넉넉해지고 내가 욕심이 없으면 백성은 저절로 순박해진다."라고 하였다.
聖人云, 我無爲而民自化, 我好靜而民自正, 我無事而民自富, 我無欲而民自樸.『노자·제57장』

장자는 노자의 '무위이치' 사상을 계승하여 상고의 무위이치 시대를 이상적인 사회로 규정하였다. 〈천지(天地)〉편에서, "옛날에 천하를 다스리던 자들은 욕심이 없어 천하 사람들이 만족하였고 작위가 없어 만물이 변화되었으며, 깊고 고요하여 백성이 안정되었다.(古之畜天下者, 无欲而天下足, 無爲而萬物化, 淵靜而百姓定.)"라 하였고 〈재유(在宥)〉편에서는, "그러므로 군자가 부득이하여 천하를 다스린다면 무위(无爲)만한 것이 없다.(故君子不得已而臨莅天下, 莫若无爲.)"라고 하였다. 위정자의 무욕과 무위를 강조한 것이다. 성인(聖人)은 부득이해서 나라를 다스리기는 하지만 무위가 가장 이상적인 다스림이라는 것이다.

그러나 장자는 노자보다 더 복고적이고 무정부주의적인 태도를 취하였다. 그는 국가가 없던 원시 시대를 최고의 시대로 여겨 '지덕지세(至德之世)' 혹은 '지치(至治)'라고 칭송하였다. 요컨대 무위이치는 순응자연의 이치를 다스림에 적용한 것이라고 하겠다.

|원문 1| 천하를 다스리는 요체 [무위이치(無爲而治)]

〈응제왕(應帝王)〉
天根遊於殷陽, 至蓼水之上, 適遭無名人而問焉曰. 請問爲天下. 无名人曰. 去. 汝鄙人也. 何問之不豫也. 予方將與造物者爲人, 厭則又乘夫莽眇之鳥, 以出六極之外, 而遊无何有之鄕, 以處壙埌之野. 汝又何帠以治天下感予之心爲? 又復問, 無名人曰. 遊心於淡, 合氣於漠, 順物自然, 而无容私焉, 而天下治矣.

|구절풀이|

- **천근**(天根) : 장자가 설정한 허구적 인물이다.
- **은양**(殷陽) : 은산(殷山)이라는 산의 남쪽이다. '양(陽)'은 산의 남쪽이나 물의 북쪽을 가리킨다.
- **요수**(蓼水) : 강의 이름이다. 蓼 여뀌 료
- **무명인**(无名人) : '이름 없는 사람'이라는 뜻으로, 장자가 설정한 허구적 인물이다.
- **위인**(爲人) : 짝이 되다. '인(人)'은 '우(偶)'의 뜻이다.
- **망묘**(莽眇) : 아득하고 멀다. 莽 풀 망·아득할 망, 眇 애꾸눈 묘·아득할 묘
- **육극**(六極) : '육합(六合)'과 동의어로, 상하와 동서남북을 가리킨다.

- **광랑**(壙埌) : 끝없이 드넓다. 壙 들판 광·텅빌 광, 埌 무덤 랑·드넓은 모습 랑
- **하예**(何帛) : 무슨 까닭으로. '예(帛)'는 '고(故)'와 통한다. 帛 법 예

|원문 번역|

천근이 은산(殷山)의 남쪽에서 노닐다가 요수 가에 이르렀는데, 마침 무명인을 만나 그에게 물었다. "천하를 다스리는 것을 여쭙겠습니다." 무명인이 대답하였다. "가시오. 그대는 비천한 사람이로다. 어째서 그리도 묻는 것이 유쾌하지 못한가. 나는 한창 조물주와 짝이 되려고 하며, 싫증나면 다시 저 까마득히 나는 새에 올라타 상하사방의 밖으로 나가 아무것도 없는 곳에서 노닐고 끝이 없는 들판에서 머문다. 그대는 다시 무슨 이유로 천하 다스리는 것을 가지고 내 마음을 건드리는가?" 또다시 묻자 무명인이 대답하였다. "마음을 담담한 경지에서 노닐고 기(氣)를 적막의 세계에 합치하게 하며, 만물의 자연스러움에 따르고 사사로움을 개입시키지 않는다면 천하는 다스려질 것이다."

|주제 해설|

천하를 다스리는 요체는 순응자연과 '사사로움이 없음[무사(無私)]', 즉 '무위(無爲)'임을 강조한 내용이다.

| 연습문제 |

一. 다음 표현의 음과 뜻을 쓰시오.

　　1) 鄙人(　　) :

　　2) 爲人(　　) :

　　3) 何帠(　　) :

二. 다음 용어에 대해 설명하시오.

　　1) 육극(六極) :

　　2) 망묘(莽眇) :

　　3) 광랑(壙埌) :

三. 다음 문장을 번역하시오.

　　1) 何問之不豫也. :

　　2) 遊无何有之鄕. :

　　3) 順物自然, 而无容私焉. :

四. '은양(殷陽)'에서 '양(陽)'의 의미를 설명하시오.

五. '以治天下感予之心爲'에서 '爲'의 문법적 기능을 설명하시오.

六. 위 문장의 주제를 약술하시오.

|원문2| 다스림은 말에 해가 되는 것들을 없애주는 것

〈서무귀(徐無鬼)〉
黃帝將見大隗乎具茨之山, 方明爲御, 昌寓驂乘, 張若·諿朋前馬, 昆閽·滑稽後車. 至於襄城之野, 七聖皆迷, 無所問塗. 適遇牧馬童子, 問塗焉曰. 若知具茨之山乎? 曰. 然. 若知大隗之所存乎? 曰. 然. 黃帝曰. 異哉. 小童. 非徒知具茨之山, 又知大隗之所存. 請問爲天下. 小童曰. 夫爲天下者, 亦若此而已矣, 又奚事焉. 予少而自遊於六合之內, 予適有瞀病, 有長者敎予曰, 若乘日之車, 而遊於襄城之野. 今予病少痊, 予又且復遊於六合之外. 夫爲天下, 亦若此而已, 予又奚事焉. 黃帝曰. 夫爲天下者, 則誠非吾子之事, 雖然, 請問爲天下. 小童辭. 黃帝又問, 小童曰. 夫爲天下者, 亦奚以異乎牧馬者哉. 亦去其害馬者而已矣. 黃帝再拜稽首, 稱天師而退.

|구절 풀이|

- **대외**(大隗) : 장자가 설정한 옛 지인(至人)의 이름으로, 대도(大道)를 상징한다. 隗 높을 외
- **참승**(驂乘) : 윗사람을 모시고 함께 수레에 타는 사람을 가리킨다.
- **전마**(前馬) : 수레 앞에서 인도하는 사람이다.
- **후거**(後車) : 뒤따르는 수레에 탄 시종이다.
- **칠성개미**(七聖皆迷) : 일곱 성인들이 모두 길을 잃었다. 칠성(七聖)은 위에 제시된 황제와 시종신 6인으로 장자가 설정한 인물들이다. 세속에

서 성인이라 칭송되는 이들이지만 모두가 길, 즉 도(道)를 모른다는 의미를 내포하고 있다.

- **여소이자유어육합지내, 여적유무병**(予少而自遊於六合之內, 予適有瞀病) : 제가 어려서 홀로 속세에서 지낼 때 저는 마침 눈이 흐려지는 병에 걸렸습니다. 속세에서는 밝게 볼 수 없었음을 비유한 것이다. 무병(瞀病) : 눈이 침침하여 어른거리는 병. 瞀 눈이 침침할 무·어지러울 무
- **여병소전**(予病少痊) : 제 병이 조금 나았습니다. 세속의 몽매함에서 조금 벗어났다는 뜻이다. 痊 병 나을 전·고칠 전
- **여우해사언**(予又奚事焉) : 제가 또 무엇을 일삼겠습니까. 더 이상의 일이 없다는 말이다.
- **천사**(天師) : 자연무위(自然無爲)의 도를 지닌 스승이라는 뜻이다.

| 원문 번역 |

황제가 장차 구자산에서 대외를 만나고자 하여, 방명을 마부로 삼고 창우를 참승으로 삼았으며, 장약과 습붕을 앞서는 말로 삼고 곤혼과 골계를 뒤따르는 수레로 삼았다. 양성 벌판에 다다랐을 때, 일곱 성인들이 모두 길을 잃었는데 길을 물어볼 곳이 없었다. 마침 말을 기르는 아이를 만나 그에게 길을 물었다. "너는 구자산을 아느냐?" 말을 기르는 아이가, "그렇습니다."라고 하자 "너는 대외가 있는 곳을 아느냐?"라고 물었다. 말을 기르는 아이가 "그렇습니다."라고 하자 황제가 말했다. "특이하구나. 이 아이는. 구자산을 알 뿐만 아니라 또 대외가 있는 곳까지도 알고 있다니. 천하를 다스리는 것에 대해 물어보자." 아이가 말하기를, "천하를 다스리는 것은 또한 이와[다음과] 같을 뿐이니, 다시 무엇을 일삼겠습니까. 제가 어려서

홀로 세속의 안에서 지낼 때 저는 마침 눈이 흐려지는 병에 걸렸는데, 어떤 어르신이 저에게 가르쳐 주시기를, 너는 태양의 수레를 타고 가서 양성의 들에서 지내라고 하셨습니다. 지금 제 병이 조금 나아서 저는 다시 장차 세속의 밖에서 지내려고 합니다. 천하를 다스리는 것도 또한 이와 같을 뿐이니 제가 또 무엇을 일삼겠습니까."라고 하였다. 황제가 말하기를, "천하를 다스리는 것이 진실로 그대의 일은 아니지만, 비록 그렇더라도 천하를 다스리는 것에 대해 물어보자."라고 하자 아이가 사양하였다. 황제가 다시 물으니 아이가 말하기를, "천하를 다스리는 것이 또한 말을 기르는 것과 무엇이 다르겠습니까. 단지 말에 해가 되는 것들을 없애주는 것일 뿐입니다."라고 하자 황제는 두 번 절하고 머리를 조아리면서 천사(天師)라 부르고 물러갔다.

| 주제 해설 |

황제(黃帝)가 지인(至人)인 대외(大隗)를 만나려고 나섰다가 길을 잃었다. 말을 기르는 아이를 만나 길을 묻고 나아가 천하를 다스리는 도리까지 묻자, 말을 기르는 방법을 비유로 들어 '무위(無爲)의 다스림'을 설명한 우언이다. 이 아이가 바로 지인 대외일 것이다.

| 연습문제 |

一. 다음 표현의 음과 뜻을 쓰시오.

　　1) 驂乘(　　) :

　　2) 瞀病(　　) :

　　3) 少痊(　　) :

二. 다음 용어에 대해 설명하시오.

　　1) 육합(六合) :

　　2) 전마(前馬) :

　　3) 천사(天使) :

三. 다음 문장을 번역하시오.

　　1) 七聖皆迷, 無所問塗. :

　　2) 予又奚事焉. :

　　3) 奚以異乎牧馬者哉. :

四. 위 문장과 관련된 성어(成語)를 한자로 쓰시오.(害馬)

五. '若此而已矣'에서 '此'가 가리키는 부분을 찾아 쓰시오.(牧馬)

六. '問塗焉'에서 '焉'의 문법적 기능을 설명하시오.

七. 위 문장의 주제를 약술하시오.

|원문 3| 자신을 사랑할 줄 알아야 남을 사랑할 수 있다

〈재유(在宥)〉

說明邪, 是淫於色也, 說聰邪, 是淫於聲也, 說仁邪, 是亂於德也, 說義邪, 是悖於理也, 說禮邪, 是相於技也, 說樂邪, 是相於淫也, 說聖邪, 是相於藝也, 說知邪, 是相於疵也. 天下將安其性命之情, 之八者, 存可也, 亡可也. 天下將不安其性命之情, 之八者, 乃始臠卷獊囊, 而亂天下也. 而天下乃始尊之惜之, 甚矣天下之惑也. 豈直過也, 而去之邪. 乃齊戒以言之, 跪坐以進之, 鼓歌以儛之, 吾若是何哉. 故君子不得已, 而臨莅天下, 莫若无爲. 无爲也而後, 安其性命之情. 故貴以身於爲天下, 則可以託天下, 愛以身於爲天下, 則可以寄天下. 故君子苟能无解其五藏, 无擢其聰明, 尸居而龍見, 淵黙而雷聲, 神動而天隨, 從容无爲, 而萬物炊累焉. 吾又何暇治天下哉.

|구절 풀이|

- **시상어기야**(是相於技也) : 이것은 기교를 조장하는 것이다. '상(相)'은 '돕다, 조장하다[조(助)]'의 뜻이다.
- **지팔자**(之八者) : 이 여덟 가지. 성색(聲色), 인의(仁義), 예악(禮樂), 성지(聖知)의 인위적인 것들을 가리킨다. '之'는 지시형용사이다.
- **존가야, 무가야**(存可也, 亡可也) : 있어도 되고 없어도 된다. 필요없다는 말의 완곡한 표현이다.
- **연권**(臠卷) : 얽혀서 펴지지 않는 모습이다. 臠 저민 고기 련·야윌 련

- **창낭**(猖囊) : 혼란스러운 모습이다. 猖 혼란스러울 창, 囊 주머니 낭·좋지 않을 낭
- **기직과야, 이거지사**(豈直過也, 而去之邪) : 어찌 그저 지내면서 떠나갈 수 있겠는가. 사람들이 위에서 말한 여덟 가지에서 벗어나지 못함을 가리킨다. '직(直)'은 '그저', '다만'의 뜻이다.
- **임리천하**(臨莅天下) : 천하를 다스리다. 莅 임할 리·다스릴 리
- **귀이신어위천하, 즉가이탁천하.**(貴以身於爲天下, 則可以託天下.) : 천하를 위하는 것보다 자기의 몸을 귀하게 여겨야 천하를 부탁할 만하다. 자신의 본성을 중시할 줄 알아야 함을 가리킨다. 『노자·제13장』에서, "자신을 귀하게 여기듯이 천하를 위하는 자에게 천하를 맡길 만하다.(貴以身爲天下者, 可以寄天下.)"라고 한 표현을 강화한 것이다.
- **애이신어위천하, 즉가이기천하.**(愛以身於爲天下, 則可以寄天下.) : 천하를 위하는 것보다 자기의 몸을 사랑해야 천하를 맡길 만하다. 자신을 사랑할 줄 알아야 남을 사랑할 수 있다는 뜻이다. 위의 구절과 마찬가지로 『노자·제13장』에서, "자신을 사랑하는 듯이 천하를 위하는 자에게 천하를 부탁할 만하다.(愛以身爲天下者, 可以託天下.)"라고 한 표현을 강화한 것이다.
- **무해기오장**(无解其五藏) : 자신의 오장(五藏)을 풀어내지 않다. 마음속의 오성(五性)을 드러내지 않는 것을 가리킨다.
- **만물취루**(萬物炊累) : 만물은 (바람이) 쌓인 먼지를 불어대듯 한다. 내가 무위하면 만물은 자연스러워짐을 가리킨다. '취(炊)'는 '취(吹)'와 통하고, '루(累)'는 '먼지[진(塵)]'의 뜻이다.

|원문 번역|

눈 밝은 것을 좋아한다면 이것은 색깔에 빠지는 것이고 귀 밝은 것을 좋아한다면 이것은 소리에 빠지는 것이며, 인(仁)을 좋아한다면 이것은 덕을 어지럽히는 것이고 의(義)를 좋아한다면 이것은 도리를 어그러뜨리는 것이며, 예를 좋아한다면 이것은 기교를 조장하는 것이고 음악을 좋아한다면 이것은 빠지는 것을 조장하는 것이며, 성인(聖人)을 좋아한다면 이것은 기예를 조장하는 것이고 지혜를 좋아한다면 이것은 허물을 조장하는 것이다. 천하 사람들이 장차 본성의 실상을 편히 여기도록 하려면 이 여덟 가지는 있어도 되고 없어도 된다. 천하 사람들이 장차 본성의 실상을 편히 여기도록 하지 않으려면, 이 여덟 가지는 바로 얽히고 혼란해지기 시작하여 천하 사람들을 어지럽힌다. 그런데도 천하 사람들은 바로 그것을 높이고 아끼기 시작하니 천하 사람들의 미혹됨이 심하구나. 어찌 그저 지내면서 떠나갈 수 있겠는가. 목욕재계하고서 이를 말하고 꿇어앉아서 이를 올리며, 북치고 노래하면서 이를 고무시키니, 내가 이와 같음을 어찌하겠는가. 그러므로 군자가 부득이하여 천하를 다스린다면 무위(无爲)만한 것이 없다. 무위한 뒤에야 본성의 실상을 편안히 할 수 있다. 그러므로 천하를 다스리는 것보다 자기의 몸을 귀하게 여겨야 천하를 부탁할 만하고, 천하를 다스리는 것보다 자기의 몸을 사랑해야 천하를 맡길 만하다. 그러므로 군자가 만일 (안으로) 자신의 오장(五藏)을 풀어내지 않고 (밖으로) 자신의 총명함을 드러내지 않을 수 있다면, 시동처럼 있어도 용처럼 드러나고 연못처럼 고요해도 우레처럼 울리며, 정신이 움직임에 자연의 이치가 따르고 조용히 무위함에 만물은 (바람이) 쌓인 먼지를 불어대듯 한다. 내가 다시 어느 겨를에 천하를 다스리겠는가.

| 주제 해설 |

사람들이 성색(聲色), 인의(仁義), 예악(禮樂), 성지(聖知) 등의 인위적인 것들을 추구함으로써 자연스러움을 훼손하는 현상을 비판한 뒤에 무위를 내세워 천하 다스리는 이치를 제시하였다. 사람의 마음은 변화무쌍하기 때문에 천하를 통치하려고 하는 것은 사람의 마음을 어지럽게 하는 것이다. 따라서 자신의 본성을 중시하고 사랑해야 백성들의 본성을 중시하고 사랑할 수 있고, 감정을 발산하지 않고 총명을 드러내지 않아야 무위가 가능하다. 이 무위를 바탕으로 자연스러운 다스림이 이루어진다는 주장이다.

|연습문제|

一. 다음 표현의 음과 뜻을 쓰시오.

　　1) 說明(　　) :

　　2) 相於技(　　) :

　　3) 跪坐(　　) :

二. 다음 용어에 대해 설명하시오.

　　1) 연권(孌卷) :

　　2) 창낭(獊囊) :

　　3) 재계(齊戒) :

三. 다음 문장을 번역하시오.

　　1) 說知邪, 是相於疵也. :

　　2) 貴以身於爲天下, 則可以託天下. :

　　3) 從容无爲, 而萬物炊累焉. :

四. 위 문장과 관련된 성어(成語)를 한자로 쓰시오.(龍見)

五. '之八者'에서 '之'의 문법적 기능을 설명하시오.

六. 위 문장의 주제를 약술하시오.

|원문 4| 덕에 근거하고 자연의 도리에서 완성하다

〈천지(天地)〉

天地雖大, 其化均也, 萬物雖多, 其治一也. 人卒雖衆, 其主君也, 君原於德, 而成於天. 故曰, 玄古之君天下, 无爲也, 天德而已矣. 以道觀言, 而天下之君正, 以道觀分, 而君臣之義明, 以道觀能, 而天下之官治, 以道汎觀, 而萬物之應備. 故通於天地者, 德也, 行於萬物者, 道也, 上治人者, 事也, 能有所藝者, 技也. 技兼於事, 事兼於義, 義兼於德, 德兼於道, 道兼於天. 故曰, 古之畜天下者, 无欲而天下足, 无爲而萬物化, 淵靜而百姓定. 記曰. 通於一, 而萬事畢, 无心得, 而鬼神服.

|구절 풀이|

- **천지수대, 기화균야, 만물수다, 기치일야.**(天地雖大, 其化均也, 萬物雖多, 其治一也.) : 천지가 비록 크지만 그 조화는 균일하고 만물이 비록 많지만 그 다스림은 하나이다. 도의 작용을 말한 것이다. 여기에서 자연의 도리, 즉 천도를 일컫는 '천균(天均)'이라는 용어가 나왔다.
- **성어천**(成於天) : 자연의 도리에서 완성한다. 무위(無爲)에서 다스림이 완성됨을 가리킨다.
- **현고**(玄古) : 먼 옛날. '상고(上古)'와 같다.
- **천덕**(天德) : 천도(天道)의 작용, 즉 무위를 가리킨다.
- **이도관언**(以道觀言) : 도로써 명칭을 살피다. '언(言)'은 '명(名)'의 뜻으로, '명칭', 나아가 '명분'을 가리킨다. 공자가 『논어·자로(子路)』편에서, "반드시 명분을 바로잡겠다.(必也正名乎.)"라고 한 내용과 같은 맥락이

다. 장자가 말하는 '군주의 명분'은 바로 무위이다.
- **만물지응**(萬物之應) : 상대가 되는 것들이 서로 호응함을 가리킨다.
- **휵천하자**(畜天下者) : 천하 사람들을 기르던 자. 천자를 가리킨다. '휵(畜)'은 '양(養)'과 통하여 '기르다'의 뜻이다.
- **연정**(淵靜) : 깊고 고요하다. 마음이 동요되지 않음을 가리킨다.
- **통어일**(通於一) : 하나와 통하다. '하나[일(一)]'는 도(道)를 가리킨다.

원문 번역

천지가 비록 크지만 그 조화는 균일하고 만물이 비록 많지만 그 다스림은 하나이다. 사람이 비록 많지만 그 주관자는 군주이니, 군주는 덕에 근거하고 자연의 도리에서 완성한다. 그래서 말하기를, "태고 적에 천하를 다스린 것은 작위가 없이 자연의 덕이었을 뿐이었다."라고 하는 것이다. 도로써 명칭을 살피면 천하의 군주는 바르게 되고 도로써 직분을 살피면 군신의 도리가 분명해지며, 도로써 능력을 살피면 천하의 관직은 다스려지고 도로써 두루 살피면 만물의 호응이 완전해진다. 그러므로 하늘과 땅에 통하는 것이 덕이고 만물에 행해지는 것이 도이며, 위에서 사람을 다스리는 것이 정사(政事)이고 제대로 재주를 쓰는 바가 있는 것이 기술이다. 기술은 정사에 부속되고 정사는 의리에 부속되며, 의리는 덕에 부속되고 덕은 도에 부속되며, 도는 자연에 부속된다. 그래서 말하기를, "옛날에 천하 사람들을 기르던 자는 욕심이 없어 천하 사람들이 만족하였고 작위가 없어 만물이 변화되었으며, 깊고 고요하여 백성이 안정되었다."라고 하는 것이다. 옛 기록에 이르기를, "하나[도]와 통하면 만사가 다 이루어지고, 무심(無心)을 얻게 되면 귀신도 따른다."라고 하였다.

│주제 해설│

무위로 다스리면 모든 것이 순조로우니 무위는 도에 근거한 것이기 때문이다. 무위는 욕심이 없는 것이고 속이 깊고 고요한 것임을 밝히고 있다. 『노자·제57장』에서, "내가 작위가 없으니 백성들이 저절로 교화되고 내가 고요함을 좋아하니 백성들이 저절로 바르게 되며, 내가 일을 일으키지 않으니 백성들이 저절로 부유해지고 내가 욕심을 내지 않으니 백성들이 저저로 순박해진다.(我無爲而民自化, 我好靜而民自正, 我無事而民自富, 我無欲而民自樸.)"라고 한 표현을 원용한 것이다.

|연습문제|

一. 다음 표현의 음과 뜻을 쓰시오.

　　1) 畜天下(　　　) :

　　2) 通於一(　　　) :

　　3) 无心得(　　　) :

二. 다음 용어에 대해 설명하시오.

　　1) 현고(玄古) :

　　2) 천덕(天德) :

　　3) 연정(淵靜) :

三. 다음 문장을 번역하시오.

　　1) 天地雖大, 其化均也. :

　　2) 君原於德, 而成於天. :

　　3) 德兼於道, 道兼於天. :

四. 위 문장과 관련된 성어(成語)를 한자로 쓰시오.(天均)

五. '行於萬物者'에서 '者'가 가리키는 단어를 찾아 쓰시오.

六. '玄古之君天下'에서 '君'의 문법적 기능을 설명하시오.

七. 위 문장의 주제를 약술하시오.

| 원문 5 | 혼돈과 일곱 개의 구멍

> 〈장자·응제왕(應帝王)〉
> 南海之帝爲儵, 北海之帝爲忽, 中央之帝爲渾沌. 儵與忽, 時相與遇於渾沌之地, 渾沌待之甚善. 儵與忽, 謀報渾沌之德曰. 人皆有七竅, 以視聽食息, 此獨无有, 嘗試鑿之. 日鑿一竅, 七日而渾沌死.

| 구절 풀이 |

- **혼돈**(渾沌) : 천지가 개벽하기 이전의, 원기가 확실히 구분되지 않은 상태를 가리키는 말로 무위, 나아가 도를 비유한 것이다. 渾 섞을 혼, 沌 어두울 돈
- **칠규**(七竅) : 사람의 얼굴에 있는 이목구비의 일곱 구멍을 가리킨다. 竅 구멍 규
- **일착일규**(日鑿一竅) : 하루에 한 구멍씩 뚫다. 鑿 뚫을 착

| 원문 번역 |

남해의 임금이 숙(儵)이고 북해의 임금이 홀(忽)이며, 중앙의 임금이 혼돈(渾沌)이다. 숙과 홀이 수시로 함께 혼돈의 땅에서 만났는데 혼돈이 그들을 잘 대접하였다. 숙과 홀은 혼돈의 덕에 보답할 것을 의논하면서 말했다. "사람에겐 모두 일곱 개의 구멍이 있어서 보고 듣고 먹고 숨을 쉬는데 혼돈만이 (이것을) 가지고 있지 않으니, 구멍을 뚫어 주기로 하자." 하루에 한 구멍씩 뚫었는데 7일이 되자 혼돈이 죽었다.

| 주제 해설 |

서두름을 상징하는 숙(儵)과 조바심을 상징하는 홀(忽)은 인위(人爲)를 비유한 것이고, 순수와 순박을 상징하는 혼돈(渾沌)은 무위(無爲)를 비유한 것이다. 숙과 홀을 설정하여 나라를 다스리는 데에 있어 서두름으로 발전과 진보를, 조바심으로 공을 이루고자 하는 욕심을 상징함으로써 인위와 조작이 일을 그르침을 암시하고 있다. 유가에서 인의(仁義)와 예악(禮樂)을 앞세워 서두르고 강요하는 행위가 지극한 다스림인 무위를 망치는 것을 경고한 내용이다.

| 연습문제 |

一. 다음 표현의 음과 뜻을 쓰시오.

　　1) 謀報(　　) :

　　2) 食息(　　) :

二. 다음 용어에 대해 설명하시오.

　　1) 혼돈(渾沌) :

　　2) 칠규(七竅) :

三. 다음 문장을 번역하시오.

　　1) 人皆有七竅, 以視聽食息. :

　　2) 日鑿一竅, 七日而渾沌死. :

四. 위 문장과 관련된 성어(成語)를 한자로 쓰시오.(渾沌之死)

五. '待之甚善'에서 '之'가 가리키는 부분을 찾아 쓰시오.

六. '爲儵'에서 '爲'의 문법적 기능을 설명하시오.

七. 위 문장의 주제를 약술하시오.

| 제12강 |

장자의 정치관[2] :
복고주의復古主義

1. 문명 배척

장자는 문명의 이기(利器)로 인해 사람들이 순수함을 잃고 각박해진다고 하였다. 기계가 있으면 그것을 이용하려는 마음, 즉 기심(機心)이 생겨나기 때문이라고 하였다. 〈천지(天地)〉편에서, "기계가 있으면 반드시 기계를 쓸 일이 생기고, 기계를 쓸 일이 생기면 반드시 기교의 마음[기심(機心)]이 생긴다. 기교의 마음이 가슴속에 있게 되면 순수한 마음이 갖추어지지 않고, 순수한 마음이 갖추어지지 않으면 정신이 안정되지 못한다. 정신이 안정되지 못한 자에게는 도가 깃들이지 않는다.(有機械者必有機事, 有機事者必有機心. 機心存於胸中, 則純白不備, 純白不備, 則神生不定. 神生不定者, 道之所不載也.)"라고 하였다. '기심(機心)'은 기계를 이용하는 마음, 즉 상대를 이용하려는 마음으로 순수를 해치는 것이다.

따라서 장자는 인위(人爲)와 기심(機心)이 없던 상고 시대로의 복귀를 주장하면서 무지와 무욕의 상태인 소박을 강조하였다. 〈마제(馬蹄)〉편에서는, '산에는 지름길이나 굴도 없었고 못에는 배와 다리가 없었던(山无蹊隧, 澤无舟梁)' 시대를 '지극한 덕이 이루어진 세상[지덕지세(至德之世)]'라고 칭송하면서 문명의 이기를 배척하였다.

|원문1| 만물과 무리 지어 함께 존재하다

〈마제(馬蹄)〉

至德之世, 其行塡塡, 其視顚顚. 當是時也, 山无蹊隧, 澤无舟梁, 萬物羣生, 連屬其鄕, 禽獸成羣, 草木遂長. 是故禽獸, 可係羈而遊, 鳥鵲之巢, 可攀援而闚. 夫至德之世, 同與禽獸居, 族與萬物並, 惡乎知君子小人哉. 同乎无知, 其德不離, 同乎无欲, 是謂素樸. 素樸而民性得矣.

|구절 풀이|

- **지덕지세**(至德之世) : 사람들이 타고난 본성을 그대로 유지했던 원시사회(原始社会)를 가리킨다.
- **진진**(塡塡) : 안정되고 편안한 모습이다. 塡 메울 전·안정시킬 진
- **전전**(顚顚) : 한결같은 모습이다.
- **산무혜수, 택무주량**(山无蹊隧, 澤无舟梁) : 산에는 지름길이나 굴도 없었고 못에는 배와 다리가 없었다. 지름길이나 굴을 만들어 육로의 교통을 편하게 하고 배와 다리를 만들어 수로의 교통을 편하게 하지 않았다는 것으로, 편리함과 효율성을 추구하려는 인위를 배척한 것이다. 蹊 지름길 혜, 隧 길 수·굴 수

- **조작지소, 가반원이규**(鳥鵲之巢, 可攀援而闚) : 새의 둥지도 올라가 들여다볼 수 있었다. 새들과도 경계심 없이 어울리는 모습이다. 攀 더위잡을 반·의지할 반·이용할 반, 援 당길 원·잡을 원, 闚 엿볼 규

| 원문 번역 |

지극한 덕이 이루어진 세상에서는 그들의 행동은 느긋하고 그들의 눈길은 한결같았다. 이때에는 산에는 지름길이나 굴도 없었고 못에는 배와 다리가 없었으며, 만물이 무리를 지어 살았고 그 고을은 잇닿아 있었으며, 새와 짐승도 떼를 지어 살았고 풀과 나무도 무성하게 자랐다. 이런 까닭으로 짐승은 줄에 매어 끌고 다니며 노닐 수 있었고, 새의 둥지도 올라가 들여다볼 수 있었다. 무릇 지극한 덕이 이루어진 세상에서는 새와 짐승과 더불어 함께 살았고 만물과 무리 지어 함께 존재했으니, 어찌 군자나 소인을 알았겠는가. 다 같이 무지하였으니 그 덕이 떠나지 않았고, 다 같이 욕심이 없었으니 이를 일러 '소박(素樸)'이라고 하였다. 소박하여 백성의 본성이 유지되었다.

| 주제 해설 |

지름길이나 굴, 배와 다리 등의 인위적인 기구가 없고 작위와 구속이 없는 세상에는 백성들이 순박함과 본성을 유지할 수 있었다. 그러므로 새와 짐승과 더불어 살았고 만물과 무리 지어 존재하면서 군자와 소인의 구분도 없었다. 이것이 바로 지극한 덕이 이루어진 세상이라는 것이다. 따라서 백성들은 무지와 무욕의 상태로 소박하게 살 수 있었던 것이다.

| 연습문제 |

一. 다음 표현의 음과 뜻을 쓰시오.

   1) 塡塡(   ) :

   2) 顚顚(   ) :

   3) 係羈(   ) :

二. 다음 용어에 대해 설명하시오.

   1) 지덕지세(至德之世) :

   2) 혜수(蹊隧) :

   3) 소박(素樸) :

三. 다음 문장을 번역하시오.

   1) 鳥鵲之巢, 可攀援而闚. :

   2) 同與禽獸居, 族與萬物並. :

   3) 同乎无知, 其德不離. :

四. '惡乎知君子小人哉'에서 '惡乎'의 문법적 기능을 설명하시오.

五. 위 문장의 주제를 약술하시오.

| 원문 2 | 상대를 이용하려는 마음 [기심(機心)]

〈천지(天地)〉

子貢南遊於楚, 反於晉, 過漢陰, 見一丈人方將爲圃畦. 鑿隧而入井, 抱甕而出灌, 搰搰然用力甚多而見功寡. 子貢曰, 有械於此, 一日浸百畦, 用力甚寡而見功多. 夫子不欲乎? 爲圃者卬而視之曰, 奈何? 曰, 鑿木爲機, 後重前輕, 挈水若抽, 數如泆湯. 其名爲槹. 爲圃者, 忿然作色而笑曰, 吾聞之吾師, 有機械者必有機事, 有機事者必有機心. 機心存於胸中, 則純白不備, 純白不備, 則神生不定. 神生不定者, 道之所不載也. 吾非不知, 羞而不爲也. 子貢瞞然慙, 俯而不對.

| 구절 풀이 |

- **자공**(子貢) : 춘추시대 위(衛)나라 사람인 단목사(端木賜)로 자가 자공(子貢)이다. 공자의 제자였고 노(魯)나라와 위(衛)나라에서 재상을 지냈다.
- **한음**(漢陰) ; 한수(漢水)의 남쪽이다. '음(陰)'은 산의 북쪽이나 물의 남쪽을 가리킨다.
- **포휴**(圃畦) : 남새밭의 이랑이다. 圃 남새밭 포, 畦 논밭 휴, 밭이랑 휴
- **착수이입정**(鑿隧而入井) : 땅굴을 파고 우물에 들어가다. 鑿 뚫을 착, 隧 길 수·굴 수
- **골골연**(搰搰然) : 힘쓰는 모습, 노력하는 모습이다. 搰 팔 골·힘쓰는 모습 골
- **앙이시지**(卬而視之) : 올려다보다. '앙(卬)'은 (仰)'과 통하여, '올려다보다'의 뜻이다. 卬 나 앙·오를 앙

- **설수약추**(挈水若抽) : 물을 끌어올리는 것이 뽑아 올리듯 하다. 挈 끌 설·가지런히 할 설, 抽 뺄 추·뽑을 추
- **삭여일탕**(數如泆湯) : 빠르기는 물이 넘치는 것과 같다. '일(泆)'은 '일(溢)'과 통하여, '넘치다'의 뜻이다. 數 숫자 수·셀 수·빠를 삭·자주 삭, 泆 끓을 일·넘칠 일, 湯 끓일 탕·솟구칠 탕
- **기명위고**(其名爲槔) : 그 이름이 두레박이다. 槔 두레박 고
- **분연작색**(忿然作色) : 화난 표정을 짓다. 忿 성낼 분
- **기심**(機心) : 기계를 이용하는 마음, 즉 상대를 교묘하게 이용하려는 마음이다.
- **신생부정**(神生不定) : 정신이 안정되지 못하다. '생(生)'은 '성(性)'과 통하여, '본성'의 뜻이다.
- **문연**(瞞然) : 부끄러워하는 모습이다. 瞞 속일 만·부끄러워할 문

| 원문 번역 |

자공이 남쪽으로 초나라를 유람하고 진(晉)나라로 돌아오는데, 한수(漢水)의 남쪽을 지나다가 한 노인이 밭이랑을 가꾸는 것을 보았다. 땅굴을 파고 우물에 들어가 물동이를 안고 나와서는 밭에 물을 주는데, 끙끙대며 몹시 힘을 쓰고 있었으나 효과는 적었다. 자공이 말하기를, "여기에 기계가 있는데, 하루에 백 고랑에 물을 대는데도 힘은 아주 적게 들고 효과는 많습니다. 노인께서는 써보지 않겠습니까?"라고 하자 밭을 가꾸던 노인이 고개를 들어 올려다보면서 말하기를, "어떻게 하는데요?"라고 하였다. 자공이 말하기를, "나무를 깎아 기계를 만드는데 뒤는 무겁고 앞은 가벼워 물을 끌어올리는 것이 뽑아

올리듯 하고 빠르기는 물이 넘치는 것 같습니다. 그 이름이 두레박입니다."라고 하자 밭을 가꾸던 노인이 화난 표정을 짓다가 웃으면서 말하기를, "내가 우리 스승께 들었는데, 기계가 있으면 반드시 기계를 이용할 일이 생기고, 기계를 이용할 일이 생기면 반드시 기교의 마음[기심(機心)]이 생긴다오. 기교의 마음이 가슴속에 있게 되면 순수하고 결백한 마음이 갖추어지지 않고, 순수하고 결백한 마음이 갖추어지지 않으면 정신이 안정되지 못한다오. 정신이 안정되지 못한 자에게는 도가 깃들이지 않는다고 하오. 나는 알지 못해서가 아니고 수치스러워 쓰지 않는 것이오."라고 하였다. 자공이 매우 부끄러워하면서 고개를 숙인 채 대답하지 못하였다.

| 주제 해설 |

자공이 채마밭 가꾸는 노인을 만나 기심(機心)에 대한 가르침을 들은 내용이다. 장자는 인위적인 문명이라는 것을 부정하면서 기심의 비유로 무위의 이치를 강조하였다. 문명의 이기로 인해 사람들은 순수하고 결백한 마음을 잃게 되고 결국은 정신이 안정되지 못하여 도를 소유할 수 없다는 내용이다.

| 연습문제 |

一. 다음 표현의 음과 뜻을 쓰시오.

  1) 圃畦(   ) :

  2) 鑿隧(   ) :

  3) 泆湯(   ) :

二. 다음 용어에 대해 설명하시오.

  1) 골골연(搰搰然) :

  2) 분연(忿然) :

  3) 신생(神生) :

三. 다음 문장을 번역하시오.

  1) 用力甚寡而見功多. :

  2) 神生不定者, 道之所不載也. :

  3) 吾非不知, 羞而不爲也. :

四. 위 문장과 관련된 성어(成語)를 한자로 쓰시오.(機心)

五. '吾聞之吾師'에서 '之'의 문법적 기능을 설명하시오.

六. 위 문장의 주제를 약술하시오.

2. 이상적인 다스림

노자는 나라 다스리는 것을 생선을 요리하는 과정에 비유하여, "큰 나라를 다스리는 것은 작은 생선을 삶는 것과 같이 해야 한다.(治大國, 若烹小鮮.)"[『노자·60장』]라고 하였다. 최소한의 작위, 부득이한 작위가 가장 이상적인 다스림이라는 주장이다. 노자는 그런 이상을 실현할 수 있는 국가로, 다음과 같은 '소국과민(小國寡民)'의 정치관을 제시하였다.

> 작은 나라에 적은 백성으로, 여러 가지 기물이 있어도 사용하지 않게 하고 백성들로 하여금 죽음을 중하게 여기고 멀리 이사 가지 않게 한다. 배와 수레가 있어도 탈 일이 없게 하고, 갑옷과 무기가 있어도 쓸 일이 없게 한다. 사람들로 하여금 다시 새끼를 묶어 (의사 표시의 도구로) 사용하게 하며, 자신들의 음식을 달게 여기고 자신들의 옷을 아름답게 여기며, 자신들의 거처를 편안히 여기고 자신들의 풍속을 즐기도록 한다. 이웃나라가 서로 바라보이고 닭 우는 소리와 개 짖는 소리가 서로 들려도, 백성들이 늙어서 죽을 때까지 서로 왕래하지 않게 한다.
> 小國寡民, 使有什佰之器而不用, 使民重死而不遠徙. 雖有舟輿, 無所乘之, 雖有甲兵, 無所陳之. 使人復結繩而用之, 甘其食, 美其服, 安其居, 樂其俗. 隣國相望, 鷄犬之聲相聞, 民至老死, 不相往來.『노자·80장』

무위이치는 국가를 다스리는데 최소한의 작위(作爲), 부득이한 작위를 요구하는 것으로 국가의 존재를 부정하는 것은 아니다. 국가는 부득이한 존재이지만 거대하고 복잡해지면 그만큼 다스리기가 어려워지기 때문에 작고 단순하여 다스리기 쉬운 것이 좋은 국가라는 주장이다. 크고 강한 국가를 소유하려는 욕심[부국강병]으로 전쟁을 일삼는 현실에서, 작고 단순한 나라를 이상(理想)으로 제시한 것이다.

장자는 〈거협(胠篋)〉편에서 노자의 '소국과민'의 정치관을 그대로 계승하여 상고시대를 이상적 모델로 제시하였다. 구체적인 내용은 아래에 제시된 본문에서 학습하도록 한다.

장자의 국가에 대한 부정적 견해는 전쟁이 계속되고 혼란이 극에 달해 은일사상이 유행하게 된 위진대에 이르러 다시 등장하였다. 완적(阮籍)은 〈대인선생전(大人先生傳)〉에서 군주가 없던 시대를 찬양하여, "옛날에 천지가 열리고 만물이 함께 생겼을 때에는, 임금이 없어도 온갖 것들이 안정되었고 신하가 없어도 온갖 일들이 다스려졌다.(昔者, 天地開闢, 萬物竝生, 無君而庶物定, 無臣而萬事理.)"라 하여 '무군론(無君論)'을 제시하였고, 포경언(鮑敬言)은 "상고 시대에는 임금도 신하도 없었다. … 순수함과 깨끗함이 마음속에 보존되어 있고 기교의 마음이 생기지 않아, 배불리 먹고 즐거워하였으며 배를 두드리며 노닐었다. 현능(賢能)을 숭상하면서 백성들이 명예를 다투고, 재물을 귀하게 여기면서 도적이 일어났다. 욕심나는 것을 보면서 바른 마음이 어지러워졌으며, 권세와 이욕이 펼쳐지면서 강탈의 길이 열렸다.(最古之世, 無君無臣. … 純白在胸, 機心不生, 含餔而熙, 鼓腹而遊. 尙賢則民爭名, 貴貨則盜賊起. 見可欲則眞正之心亂, 勢利陳則劫奪之

塗開.)"[갈홍(葛洪), 『포박자(抱朴子)·힐포(詰鮑)』]라고 하여 기심(機心)을 경계하면서 '무군론'을 진일보시켰다.

|원문1| 장자의 이상향 [소국과민(小國寡民)]

〈거협(胠篋)〉
子獨不知至德之世乎. 昔者, 容成氏·大庭氏·伯黃氏·中央氏·栗陸氏·驪畜氏·軒轅氏·赫胥氏·尊盧氏·祝融氏·伏犧氏·神農氏, 當是時也, 民結繩而用之, 甘其食, 美其服, 樂其俗, 安其居, 鄰國相望, 雞狗之音相聞, 民至老死, 而不相往來. 若此之時, 則至治已. 今遂至使民延頸擧踵曰, 某所有賢者, 贏糧而趣之, 則內棄其親, 而外去其主之事. 足跡接乎諸侯之境, 車軌結乎千里之外, 則是上好知之過也.

|구절 풀이|

- **독**(獨) : 의문부사로, '어찌', '어떻게'의 뜻이다.
- **용성씨**(容成氏) **이하** : 전설에 나오는 고대의 제왕(帝王)이나 부락의 영수(領袖)들이다. 驪 가라말 려, 轅 끌채 원, 赫 붉을 혁, 犧 희생 희
- **연경거종**(延頸擧踵) : 목을 길게 빼고 발꿈치를 들다. 간절하게 바라는 것을 형용하는 말이다. 頸 목 경, 踵 발꿈치 종·이을 종
- **영량이취지**(贏糧而趣之) : 양식을 둘러메고 달려가다. 贏 남을 영·멜 영

｜원문 번역｜

그대는 어찌 지극한 덕이 유지된 세상을 알지 못하는가. 옛날에 용성씨, 대정씨, 백황씨, 중앙씨, 율륙씨, 여축씨, 헌원씨, 혁서씨, 존로씨, 축융씨, 복희씨, 신농씨 시대에는 당시에 백성들이 새끼를 묶어서 글자로 썼고 자신들의 음식을 달게 여겼으며, 자신들의 옷을 아름답게 여겼고 자신들의 풍속을 즐겼으며, 자신들의 거처를 편안하게 여겨, 이웃 나라가 서로 바라보이며 개와 닭의 울음소리가 서로 들려도 백성들은 늙어 죽을 때까지 서로 왕래하지 않았다. 이와 같은 시대가 바로 지극히 잘 다스려진 시대이다. 지금은 마침내 백성들로 하여금 목을 늘이고 발돋움을 하고 말하기를, 어느 곳에 현자가 있나 하면서 양식을 둘러메고 달려가게 하니, 안으로는 그 어버이를 버리고 밖으로는 그 임금의 일을 저버린다. 발자취는 제후의 땅에 이어지고 수레 자국은 천리 밖까지 연결되니, 이는 윗사람이 지혜를 좋아한 잘못이다.

｜주제 해설｜

'지덕지세(至德之世)'에는 백성들의 삶이 편안했고 번잡하게 옮겨 다니지 않았다. 백성들이 현자라는 이들을 존중하고 본분을 망각함으로써 세상이 어지러워진 것은 위정자가 지혜를 좋아했기 때문이라는 주장이다.

　나라를 훔친 큰 도적들이 인의를 가져다 자신을 치장하는 도구로 삼는 현실에 대한 대안으로, 장자는 위와 같은 이상 세계를 그렸다. 그것이 지덕지세, 즉 '지치(至治)'라는 것이다.

|연습문제|

一. 다음 표현의 음과 뜻을 쓰시오.

　　1) 擧踵(　　) :

　　2) 贏糧(　　) :

　　3) 足跡(　　) :

二. 다음 용어에 대해 설명하시오.

　　1) 결승(結繩) :

　　2) 지치(至治) :

　　3) 거궤(車軌) :

三. 다음 문장을 번역하시오.

　　1) 雞狗之音相聞. :

　　2) 外去其主之事. :

　　3) 是上好知之過也. :

四. 위 문장과 관련된 성어(成語)를 한자로 쓰시오.(延頸擧踵)

五. '當是時也'에서 '是時'가 가리키는 부분을 찾아 쓰시오.

六. '子獨不知'에서 '獨'의 문법적 기능을 설명하시오.

七. 위 문장의 주제를 약술하시오.

| 참고문헌 |

劉若愚 著, 이장우 역, 『중국시학(中國詩學)』, 동화출판공사, 1984.
郭慶藩, 『莊子集釋』, 北京, 中華書局, 1985.
張耿光 譯注, 『莊子全譯』, 貴陽, 貴州人民出版社, 1992.
張黙生, 『莊子新釋』, 濟南, 齊魯書社, 1993.
曹礎基, 『莊子淺注』, 北京, 中華書局, 2000.
孟慶祥 外 譯注, 『莊子譯注』, 哈爾賓, 黑龍江人民出版社, 2004.
陳鼓應 注譯, 『莊子今注今譯』, 北京, 商務印書館, 2007.
涂光社, 『莊子的寓言世界』, 瀋陽, 遼海出版社, 2014.
金昌煥, 『장자』, 서울, 을유문화사, 2018.
_____, 『우화로 읽는 장자』, 고양, 연암서가, 2023.